Katja Reider

Falsches Spiel im Klassenzimmer

Katja Reider

Falsches Spiel
im Klassenzimmer

Illustrationen von Petra Dorkenwald

Hase und Igel®

Bedanken möchte ich mich an dieser Stelle bei Marc Bruder von der Arbeitsgemeinschaft Recife, Solidaritätsjugend Karlsruhe, der mir wichtige Hinweise zur Gestaltung der fiktiven Hilfsorganisation Estrela da rua *gegeben hat.*

Für Lehrkräfte gibt es zu diesem Buch ausführliches Begleitmaterial beim Hase und Igel Verlag.

Dieses Buch erschien erstmals 2002 im cbj Verlag, München.
Es wurde für diese Schulausgabe in Absprache mit der Autorin überarbeitet.

www.hase-und-igel.de
Lektorat: Karin Bawidamann
Druck: CPI – Ebner & Spiegel, Ulm

ISBN 978-3-86760-129-0
1. Auflage 2011

Inhalt

1

„Was ist denn nun, Kira? Lässt du dich morgen bei der Wahl aufstellen oder nicht?“

Marie ist stehen geblieben, um ihrer Frage den nötigen Nachdruck zu verleihen. Ich muss sie nicht ansehen, um genau zu wissen, wie sie jetzt aussieht: weit aufgerissene Augen, wirres Haar und eine in Falten gelegte Stirn – so, als ginge es um Gottweißwas und nicht nur um diese blöde Klassensprecherwahl morgen. Marie ist meine beste Freundin, seit Urzeiten. Aber manchmal nervt sie mich mit ihrer dramatischen Ader!

Ich gehe ungerührt weiter. Nach einigen Sekunden höre ich Maries Schritte wieder hinter mir. Sie muss laufen, um mich einzuholen. Marie ist nämlich einen halben Meter – na ja, fast einen halben Meter – kleiner als ich.

„Hör mal, Kira! Ich rede mit dir!“ Jetzt wird Marie langsam sauer. Ich höre es an ihrer Stimme.

Und irgendwie hat sie ja auch recht. Warum kann ich eigentlich nicht normal über dieses Thema reden? Ich benehme mich wie eine dieser Zicken in den behämmerten Daily Soaps, die ich mir mit Marie zusammen so gerne reinziehe, um mich anschließend stundenlang darüber aufzuregen, dass die schlimmsten Intrigantinnen dort zweihundertdreiunddreißig Folgen lang unbehelligt herumzicken können, obwohl ihnen die Hinterlist aus jeder Pore kriecht. Eine Tatsache, die sich jedem zuschauenden Kleinkind nach drei Minuten offenbart, von den anderen Serienhelden aber aus unerfindlichen Gründen nicht erkannt wird.

Wenigstens können Marie und ich unsere Soaps jetzt ungeniert gucken. Früher hat sich Mama ständig darüber aufgeregt und irgendwas über „Fernsehen, das dumm macht“ gefaselt. Bis ich eines Tages früher als erwartet nach Hause kam und Mama selbst vor der Glotze erwischt habe. Völlig entrückt hockte meine liebe Mutter, die nie vergisst, „ganz zufällig“ den *Spiegel* auf dem Wohnzimmertisch zu platzieren, bevor Besuch kommt, mit einem dicken Stück Sahnetorte auf dem Sofa und zog sich *Gefährliche Liebe* rein, die kitschigste aller Daily Soaps. Sie hatte sie sogar aufgezeichnet! Zuerst war es Mama, glaube ich, schweinepeinlich, dass ich sie erwischt hatte. Aber während sie noch herumstotterte und verzweifelt versuchte, sich herauszureden, mussten wir beide plötzlich kichern – und irgendwann prusteten wir richtig los. Seitdem haben wir die Serie sogar ein paarmal zusammen gesehen. Aber mit Marie macht es doch noch mehr Spaß. Mit ihr kann ich einfach hemmungslos für Phil schwärmen, den superschönen und grundguten Hauptdarsteller der Serie. Das geht mit Mama irgendwie nicht.

Plötzlich habe ich Marie gegenüber ein ganz schlechtes Gewissen. Anstatt mich hier so bescheuert aufzuspielen, kann ich zu ihr doch wirklich ehrlich sein!

Jetzt bin ich diejenige, die abrupt stehen bleibt. „Tut mir leid, Marie, ich weiß selber nicht, wieso ich diese Klassensprechergeschichte so wichtig nehme. Ich tue echt so, als ginge es um die Bundestagswahl. Mindestens …“

Als Marie kichert, atme ich auf. Wenigstens habe ich es mir nicht auch noch mit ihr verscherzt. Das wäre mir heute echt zu viel!

„Es ist doch aber wirklich nicht irgendeine Klassensprecherwahl", sagt Marie. „Es geht immerhin um die Organisation von unserem Basar. Wenn der neue Klassensprecher sich da nicht gewaltig reinhängt, verläuft das Ganze im Sande und wir kriegen für *Estrela da rua* kaum Geld zusammen. Das wäre echt ein Armutszeugnis …"

Marie hat recht. In ein paar Wochen soll unser Schuljubiläum gefeiert werden. Die meisten Klassen haben für das Fest irgendein eigenes Projekt geplant. Anna, die im letzten Schuljahr unsere Klassensprecherin war, hatte vorgeschlagen, einen Basar zu organisieren und den Erlös *Estrela da rua* zu spenden. Das heißt „Stern der Straße" und ist ein Hilfsprojekt für Straßenkinder in Rio. Die meisten in der Klasse waren von der Idee begeistert. Aber getan hat sich bisher nicht viel. Wie das eben immer so ist … Dabei drängt die Zeit! Und weil die Verantwortung für die einzelnen Projekte bei den Klassensprechern liegt, ist es dieses Jahr wirklich wichtig, dass nicht irgendeine schlaffe Torfnase gewählt wird.

„Ich glaube, ich habe schlicht und ergreifend Angst, dass mich morgen kein Schwein wählt", erkläre ich. „Dass Nadine, Fatma und Miriam … eben alle, die mich tagelang beschworen haben, mich aufstellen zu lassen, mich dann doch Knall auf Fall im Stich lassen."

Marie schaut mich verständnislos an. „Aber warum sollten sie das tun?"

„Keine Ahnung." Ich schüttle den Kopf. „Wahrscheinlich leide ich unter Verfolgungswahn. Oder ich habe einfach zu viele Soaps gesehen, in denen ununterbrochen intrigiert wird …"

„Aber wir wissen doch beide ganz genau, dass dieser Fernsehquatsch mit dem richtigen Leben so viel zu tun hat wie … hm …“ Marie sucht nach einem eindrucksvollen Vergleich.

„… wie Milchschnitte mit Milch? Wie Fruchtgummi mit echten Früchten?“, schlage ich vor.

Marie nickt grinsend. „Exakt.“

„Trotzdem …“, ich überlege. „Also, ich denke schon, dass ich in der Klasse beliebt bin – beliebt, das ist so ein blöder Ausdruck. Aber du weißt, wie ich's meine! Na ja, aber so eine Wahl, das ist ein richtiger Gradmesser, verstehst du? Genau wie ein Fieberthermometer. Daran kann jeder ablesen: Aha, von neunundzwanzig Leuten können genau vierzehn Kira Kastner gut leiden und fünfzehn nicht. Das steht dann da. Schwarz auf weiß. Und jeder weiß es. Für immer und ewig!“

„Und du meinst, du würdest dich hinterher ständig fragen, wer wohl diese fünfzehn Leute sind, die dich nicht gewählt haben. Und warum sie dich nicht gewählt haben. Und, und, und … Stimmt's?“

Ich nicke. „Ja, so ähnlich.“

Marie schüttelt energisch den Kopf. „Aber das ist doch totaler Quatsch, Kira! Es hieße doch nur, dass diese fünfzehn Leute irgendjemand anders lieber als Klassensprecher haben möchten. Aus welchen Gründen auch immer. Es hieße aber nicht, dass diese fünfzehn dich nicht abkönnen.“ Marie seufzt. „Mensch, bist du kompliziert …“

„Ich habe nie das Gegenteil behauptet“, sage ich. „Und was ist, wenn sich Kai aufstellen lässt? Die Jungs in der Klasse würden ihn doch alle wählen – diese Schwachköpfe …“

Marie zieht wieder ihre Stirn in Falten. „Wenn Kai tatsächlich mehr Stimmen kriegt als du, wirst du eben Stellvertreterin …"

„… und müsste dann all das machen, wozu er keine Lust hat!", sage ich empört. „Kai sammelt den Ruhm für die Organisation des Basars ein und ich das Geld für die Klassenfahrt. Und die Sklavendienste für die Lehrer blieben garantiert auch an mir hängen. Nein danke! Darauf kann ich verzichten." Ich überlege. „Meinst du, die beiden Neuen würden ihn wählen?"

„Simon und Nico?" Marie zuckt mit den Achseln. „Keine Ahnung, die kann ich noch nicht einschätzen. Komische Vögel, findest du nicht?"

Ich nicke. Simon und Nico sind neu in der Klasse. Sitzengeblieben und dementsprechend drauf. Nico ist fünfzehn und damit zwei Jahre älter als die meisten in unserer Klasse. Er lässt voll den Lässigen raushängen, tut, als ginge ihn das alles nichts an, was so bei uns läuft. Als wäre der Aufenthalt in unserer Kleinkindklasse so eine Art unliebsame Zwischenstation auf dem Weg in das wahre, voll coole Leben.

Und Simon, der ist nicht viel mehr als Nicos Schatten. Schmächtig und blass klebt er ständig an Nicos Seite und schwimmt in dessen Fahrwasser.

„Ich glaube, besonders wohl fühlen sich die beiden nicht bei uns", sage ich.

„Ist doch kein Wunder! Was meinst du, wie anstrengend es ist, sich ununterbrochen so cool zu geben und ja kein Fitzelchen Gefühl rauszulassen! Da kriegt man doch nach zwei Tagen eine Gesichtslähmung …", entgegnet Marie.

„Aber den Jungs bei uns imponiert das natürlich", wende ich ein. „Nicos albernes Gehabe mit seinem teuren Handy und seinen Zigaretten und diese ewigen Sprüche vom Chatten mit scharfen Frauen … Richtig peinlich, wie unsere Zwerge versuchen, es den ‚Großen' nachzutun. Wie im Kindergarten." Ich kichere. „Ich frage mich echt, warum ich für diesen Trupp die Vorturnerin machen will …"

Marie grinst. „Weil du dich in dieser Rolle ganz wohlfühlst, meine Süße! Und dein Herr Papa würde sich auch freuen, nicht wahr?"

Ich puffe Marie in die Seite. Das war ein bisschen gemein. Aber sie hat ja recht. Seit Jahr und Tag erzählt mir mein Vater, dass er schon in den allerersten Schuljahren Klassensprecher und später Schulsprecher war und dass ihn das „op-ti-mal" vorbereitet habe auf den verantwortungsvollen Job, den er als Public Relations Manager jetzt hat. Dass er eben schon in jungen Jahren gelernt habe, den Mund aufzumachen, sich zur Wehr zu setzen, keine Angst vor Autoritäten zu haben und Verantwortung zu übernehmen für andere … blablabla. Das alles zusammen sei die beste Schule fürs Leben gewesen. Ohne diese wertvollen Erfahrungen würde er nicht da stehen, wo er heute steht. Und so weiter und so fort.

Papa geht mir ganz schön auf den Geist mit diesen Geschichten. Und Mama findet auch immer einen fadenscheinigen Grund, das Zimmer zu verlassen, wenn er mit seinem Endloslied zum Thema „Wie ich wurde, was ich bin" anfängt. Aber ich bin irgendwie nicht geschickt genug, im passenden Moment Hausaufgaben oder Zimmeraufräumen vorzuschieben. Papas Redefluss hilflos ausgeliefert, hocke ich wie erschlagen da und höre mir alles brav an. Und das Schlimmste ist: Papas Reden sind anscheinend nicht ohne Wirkung geblieben! Schließlich bin ich auf dem besten Wege, mich morgen für die Wahl aufstellen zu lassen.

„Meinst du, ich bin echt nur doof eitel?", frage ich Marie. Es soll locker klingen, aber in Wirklichkeit bin ich ein bisschen eingeschnappt.

„Quatsch", sagt Marie energisch. „Du weißt doch genau, dass du das echt gut hinkriegen würdest. Du kommst mit den meisten Leuten zurecht und kannst gut vermitteln, wenn wirklich mal Zoff ist. Was ist schlecht daran, in einer Gruppe gern mal die erste Geige zu spielen?" Sie seufzt. „Ich würde mir manchmal gern 'ne Scheibe von dir abschneiden, Kira …"

„Blödsinn, du bleibst gefälligst, wie du bist!"

Marie und ich sind wirklich ziemlich gegensätzlich: Wenn Marie vor mehr als drei Leuten was sagen soll, läuft sie prompt knallrot an, ihre Stimme gerät zu einem hohen Fisteln und sie fängt an zu stottern. Das war schon immer so. Die meisten Lehrer nehmen inzwischen ein bisschen Rücksicht auf ihre Unsicherheit.

Das war früher ganz anders. Frau Pätzold, unsere Klassenlehrerin in der Grundschule, hat ständig versucht, dagegen anzuarbeiten. Immer wieder hat sie Marie gezwungen, vor der Klasse Geschichten vorzulesen und Gedichte aufzusagen, oder sie hat Marie bei kleinen Schulaufführungen in die erste Reihe gestellt. Frau Pätzold war der festen Überzeugung, Spaß am eigenen Auftritt könne man trainieren – wie Weitsprung oder Skaten. Ich glaube, Frau Pätzold wollte Marie dahin bringen, dass sie irgendwann wie der Papst auf dem Petersplatz vor Hunderttausenden sprechen kann und sich dabei toll fühlt. Arme Marie! Gut, dass wir Frau Pätzold und ihre fragwürdigen pädagogischen Methoden hinter uns gelassen haben!

Frau Walter, unsere jetzige Klassenlehrerin, versucht nicht mehr so verzweifelt, uns zurechtzubiegen. Vielleicht hat sie auch einfach nur keinen Bock, viel Kraft und Energie zu investieren. Sie unterrichtet seit mehr als zwanzig Jahren an unserer Schule. Ich denke mal, sie kann einschätzen, was möglich ist und was nicht.

Und warum sollten wir auch alle gleich sein? Marie blüht eben mehr im Verborgenen. Als meine Mutter Marie einmal mit diesem Ausdruck charakterisiert hat, habe ich sofort losgemotzt. „Blüht im Verborgenen" klingt so nach altem Frauenschema und das hat mich geärgert. Aber was soll's? Zu Marie passt es einfach! Wenn wir allein sind, redet Marie nämlich wie ein Buch, dann ist sie witzig, schlagfertig und voller Power. Ist doch okay so.

Es gibt kein Entrinnen. Beim Abendbrot ist es so weit. Ich kann richtig sehen, wie es hinter Papas Stirn arbeitet: Da war doch was? Was denn nur? – Ah, jetzt fällt es ihm ein! Ich straffe meinen Rücken und versuche, mich innerlich zu wappnen.

Papa belegt mit gewohnter Perfektion sein Käsebrot mit kleinen Gürkchenscheiben und beugt sich dann zu mir hinüber: „Was ist denn nun mit eurer Klassensprecherwahl, Mäuschen?"

Ich seufze. „Die ist morgen, Papa!"

„Aha, und? Machst du es?“

„Mensch, Papa, wenn ich mich aufstellen lasse, heißt das doch noch lange nicht, dass mich die anderen auch wählen.“

Mein Vater wartet eine Sekunde, schaut mich nur an mit dem bohrenden Blick, den er sich angewöhnt hat, seit er auf diesem Wochenendseminar für Führungskräfte war. „Der Wille ist der erste Schritt zum Ziel“, erklärt er dann, als spräche er vor einem Forum von hundertfünfzig Leuten und nicht nur zu Mama und mir. „Andere Menschen spüren sehr deutlich, ob man etwas wirklich will oder nicht. Erst muss man eine klare Entscheidung treffen. Und dann kann man überzeugen.“

„Ich denke ja schon, dass ich mich aufstellen lassen werde“, sage ich lahm. Es ist jedes Mal dasselbe: Im Gespräch mit meinem Vater scheint schlagartig meine gesamte Energie zu verpuffen. Wie ein Schwimmreifen, aus dem langsam die Luft entweicht, hänge ich kraftlos am Tisch.

Mein Vater schüttelt den Kopf. „Mensch, Kira, wenn ich das schön höre! Wenn du da morgen so lasch auftrittst, lassen die dich noch nicht mal das Geld für die Pausenmilch einsammeln!“

„So was wie Pausenmilch gibt's an unserer Schule schon lange nicht mehr“, entgegne ich matt.

Mein Vater wischt meinen schwachen Versuch, ihn aus dem Konzept zu bringen, mit einer einzigen Handbewegung zur Seite. „Darum geht es nicht, Kira. Und das weißt du auch ganz genau!“

Meine Mutter seufzt. „Lass sie doch, Michael! Kira muss selber wissen, ob sie eine solche Aufgabe in der Klasse übernehmen will oder nicht.“

„Natürlich!“, nickt mein Vater. „Ich will mich da ja auch gar nicht einmischen! Ich will nur, dass meine Tochter vorher eine klare Entscheidung trifft und die Dinge nicht so auf sich zukommen lässt.“

„Was ist so schlimm daran, die Dinge auf sich zukommen zu lassen?“, frage ich, obwohl ich die Antwort darauf nur zu gut kenne.

Mein Vater lässt sich Zeit. Er greift erneut nach dem Brotkorb, nimmt sich eine Scheibe und begutachtet sie von allen Seiten, bevor er sie auf seinen Teller legt und

energisch mit Butter bestreicht. „Liebe Kira, wer alles nur auf sich zukommen lässt, wird niemals zwischen mehreren Möglichkeiten wählen können, sondern muss das nehmen, was übrig bleibt. Beziehungsweise, was andere übrig lassen. So einfach ist das. Und? Willst du das?“

Ich zucke mit den Achseln. „Weiß nicht. Manchmal finde ich es ganz angenehm, sich nicht ständig entscheiden zu müssen. Einfach zu sehen, was kommt …“ Ich kann nicht anders. Es reizt mich, genau die Dinge zu sagen, die mein Vater nicht hören will. Sein Klischee von uns Jugendlichen zu bestätigen, ihn zum Wahnsinn zu treiben, weil er – der dynamische Manager – so eine schlaffe Tochter hat, obwohl sie doch anders könnte. Wenn sie nur wollte.

Aber sie will nicht. Jedenfalls nicht, wenn er dabei ist.

Am nächsten Morgen stehe ich eine geschlagene Viertelstunde vor meinem Kleiderschrank und überlege, was ich anziehen soll. Nicht, dass mir das sonst total egal wäre. Ich glaube, ich bin schon ein bisschen eitel. Aber heute will ich mich in meinen Klamotten ganz sicher fühlen. Keine Jeans, die am Hintern kneift, kein enges Shirt, das meinen kaum vorhandenen Busen betont. Die Jeansjacke, ja! Die ist okay, lässt meine abfallenden Schultern ein bisschen gerader wirken und gibt mir Power. Glaube ich jedenfalls.

Natürlich blüht gerade heute ein fetter Pickel auf meinem Kinn. Klar, hätte ich mir denken können … Schnell tupfe ich ein bisschen Lotion darauf und nehme mir fest vor, nicht ständig an der Stelle herumzufummeln. Ich weiß jetzt schon, dass ich das sowieso nicht schaffen werde …

In der Klasse ist es laut wie immer. Dieser Geräuschpegel von neunundzwanzig Leuten ist manchmal kaum auszuhalten. Daran ändert sich auch nicht viel, als Frau Walter den Raum betritt. Erst nach und nach ebben die Gespräche ab, schlendern alle zu ihren Plätzen, bemüht, dieses brave „Sich-hinsetzen-nach-Eintritt-der-Lehrerin“ eher zufällig aussehen zu lassen.

Nur Nico und Simon, die beiden Neuen, stehen nach wie vor am Fenster und starren scheinbar völlig konzentriert nach draußen.

Frau Walter wartet, bis es ganz still geworden ist. Dann sagt sie ruhig: „Simon und Nicolas, würdet ihr euch bitte hinsetzen? Ich möchte anfangen.“

Ganz gemächlich, so, als wäre es eine ungeheure körperliche Anstrengung, dreht sich Nico zu Frau Walter um und schaut sie so überrascht an, als hätte er ihre Anwesenheit tatsächlich eben erst, in dieser Sekunde, bemerkt. Er grinst und geht dann übertrieben langsam zu seinem Platz in der letzten Reihe. Simon folgt ihm wie ein Schatten.

Frau Walter seufzt kurz. Man sieht ihr an, dass sie Nicos Verhalten gern kommentieren würde, es sich dann aber doch anders überlegt. Stattdessen wendet sie sich an die ganze Klasse: „Ich habe es ja gestern schon angekündigt: Wir wollen heute die Klassensprecher für dieses Schuljahr wählen – und zwar zügig, damit nicht so viel Unterrichtszeit verloren geht. Also bitte, wer möchte einen Vorschlag machen? Oder wer möchte sich aufstellen lassen?“

Wie üblich nach solchen Fragen wird es erst einmal ganz still in der Klasse. Keiner meldet sich. Alle tun so, als käme das Thema völlig überraschend und müsse jetzt erst mal gründlich durchdacht werden. Dabei war klar, dass die Karten wieder ganz neu gemischt werden, weil

Anna, die bisherige Klassensprecherin, mit ihrer Familie in den Sommerferien weggezogen ist.

Anna wurde im letzten Jahr fast einstimmig gewählt. Beliebt, engagiert und auf eine niemals nervende Art und Weise selbstsicher, war sie der Prototyp einer Klassensprecherin. Ich habe mir oft vorgestellt, dass Anna später als Abgeordnete im Bundestag sitzen könnte. Da würde sie genauso ruhig, klar und sicher ihre Meinung vertreten wie in der Schule. Beneidenswert. Aber vielleicht wird ja später auch was ganz anderes aus ihr.

Mama hat mal erzählt, dass sich viele ihrer früheren Klassenkameraden völlig anders entwickelt haben als erwartet. Mama war nämlich letztes Jahr bei so einem Grufti-Klassentreffen und hat Papa und mir hinterher endlos lange von irgendwelchen alten Schulfreunden erzählt, die ich nicht kannte und nie kennenlernen werde. Aber eins ist hängen geblieben: Viele der damals vielversprechenden Powerfrauen haben nach ihrer Ausbildung doch nicht die tolle Karriere gestartet, sondern mit irgendeinem Nachbarsjungen vier Kinder bekommen und sind in ihrem Zwergendorf versumpft. Während ehemals unscheinbare Graumäuse plötzlich Computerfirmen mit zahlreichen Angestellten leiteten und sich der staunenden Menge in edlen Designerkostümen präsentierten.

Ich habe nach Mamas Erzählungen lange überlegt, was das nun für mich bedeutet. Ich meine: Wie werde ich wohl werden, wenn ich mich später ganz anders entwickle, als es jetzt scheint? Aber da ich noch nicht mal weiß, wie ich jetzt bin, hat mich diese Frage im Grunde kein bisschen weitergebracht …

Frau Walter wird langsam ungeduldig. Hektisch rollt sie das Stück Kreide in ihrer Handfläche hin und her und blafft: „Also, nun mal los!"

Marie stößt mich in die Seite. Sie will, dass ich mich melde. Ich spüre, wie mir das Blut ins Gesicht schießt, obwohl noch gar nichts passiert ist. Wenn ich mich jetzt selbst vorschlage und dann nicht gewählt werde, ist es doch noch peinlicher, oder? Wieso schlägt mich denn keiner von den anderen vor? Das fängt ja gut an!

Während ich noch mit mir ringe, schießt Maries Arm in die Höhe. „Ich schlage Kira vor!", ruft sie mit hoher Stimme.

Einige kichern und ich schaue mich irritiert um. Kichern die jetzt, weil Maries Stimme so komisch geklungen hat? Oder weil ihr Vorschlag so absurd ist? Ich kann es nicht sagen. Ach, es ist schrecklich!

Frau Walter ist sichtlich froh, dass Bewegung in die Sache kommt. Sie schaut mich fragend an. „Wärst du denn bereit, Kira?"

Als ich nicke, schreibt sie meinen Namen zufrieden an die Tafel. Dann wendet sie sich wieder um und schaut uns erwartungsvoll an. Und tatsächlich: Als wäre ein Damm gebrochen, gehen jetzt noch zwei Arme hoch. Auch der von Miriam, der Klassenschönheit. Verwirrt schaue ich sie an: Nanu, was will die denn?

„Also, ich würd's auch machen", sagt Miriam lässig und guckt so herablassend in die Runde, als wäre dieses überraschende Angebot eine ungeheure Gnade für uns unwürdigen Haufen.

Marie und ich werfen uns einen empörten Blick zu. Das ist ja wohl echt frech: Miriam war nämlich eine von denen, die mich beschworen haben, mich aufstellen zu lassen, damit nicht „irgendein Schwachkopf" gewählt wird. Wer auch immer damit gemeint war … Wahrscheinlich hat sie vergangene Nacht entschieden, dass ich auch zu der Schwachkopf-Fraktion gehöre. Sonst würde sie sich ja jetzt nicht selbst ins Rennen bringen. Schweinerei! Wenn ich das gewusst hätte …

Ich überlege, ob Miriam Chancen hat. Klar, sie sieht gut aus, hat schon richtig viel Busen, den sie gern mit engen Tops betont. Außerdem hat sie ein ziemlich hübsches, ungerechterweise komplett pickelfreies Gesicht und lange, kastanienbraune Haare. Meistens habe ich nicht so viel mit ihr zu tun. Miriam schart immer so drei, vier Mädels um sich, mit denen sie dauernd hochwichtig flüstert. Diese Geheimgespräche werden natürlich sofort unterbrochen, wenn man mal wagt, sich dazuzustellen. Also: Insgesamt ist Miriam eher eine Nervensäge. Aber viele der Jungs finden sie bestimmt ziemlich toll.

Für unser Basarprojekt wäre Miriam mit Sicherheit eine Katastrophe! Ich kann sie mir beim besten Willen nicht als große Organisatorin vorstellen. Spenden erbitten, Geld sammeln, Kisten ein- und auspacken … das ist alles nicht ihr Ding. Wahrscheinlich würde sie den Basarerlös, wenn es überhaupt einen gäbe, nicht den Straßenkindern in Rio schicken, sondern spontan in ein paar flotte Fetzen von H&M umsetzen. – Na ja, ganz so schlimm wäre es wahrscheinlich doch nicht. Egal.

Ah, der Nächste, der vorgeschlagen wird, ist Philipp! Aber der ist ziemlich schüchtern und hat sowieso keine Chance. Schade, den hätte ich lieber als meinen Stellvertreter als Miriam, die falsche Schlange!

Frau Walter klatscht in die Hände. „Gut, wenn das eure Vorschläge sind, dann können wir jetzt wählen. Also, ich denke, dass …"

Plötzlich höre ich hinter mir eine Stimme. „Schreiben Sie mich doch bitte auch noch dazu, Frau Walter!"

Verdammt. Verdammt. Verdammt. Wieso muss sich dieser blöde Kai Wittmann denn jetzt noch melden? Auf den letzten Drücker! So, als wolle er mir extra eine reinwürgen!

Kai kann eine echte Konkurrenz für mich werden. Er ist beliebt in der Klasse, obwohl wahrscheinlich keiner so richtig sagen könnte, warum eigentlich. Kai ist eher ein bisschen stämmig, er hat helle, widerborstige Haare und ist alles andere als sportlich. Eigentlich sagt er nie viel und beteiligt sich auch nicht an dem täglich neu stattfindenden Wettbewerb der Jungs um den coolsten Spruch und die lässigste Tour. Kai ist eben irgendwie anders. Aber gerade diese ruhige Selbstsicherheit, diese scheinbare Unabhängigkeit von der Meinung anderer, macht mich ganz kribbelig, manchmal sogar richtig aggressiv! Vielleicht, weil das bei mir so ganz anders ist.

Mir ist es immer superwichtig, was andere über mich denken. Immer wieder ärgere ich mich darüber, dass es mir eben *nicht* total egal ist, wenn ich zufällig mitkriege, dass mich irgendwer nicht abkann. Sogar wenn ich diese Person selber grässlich finde! Es ist völlig bescheuert: Mich sollen immer alle mögen. Etwas anderes ertrage ich nicht. Jedenfalls nur schwer.

Und Kai? Den scheint das alles gar nicht zu berühren. Allein diese distanzierte Art, mich zu beobachten, wenn ich in einer Gruppe etwas erzähle und dabei mit Händen und Füßen gestikuliere, wie ich das oft tue. Dann schaut er mir zu wie einem Affen im Zoo. So, als wäre ich ein interessantes Studienobjekt, ein seltener Vertreter einer fremdartigen Tierrasse! In Kais Blick liegt immer ein bisschen Spott darüber, dass ich den Clown mache. Scheinbar habe ich es ja nötig, die anderen zu unterhalten. Er nicht. Und das nervt mich total!

Frau Walter schreibt Kais Namen an die Tafel und erklärt uns das Wahlverfahren, obwohl das sowieso sonnenklar ist: Jeder soll einen Kandidaten aufschreiben. Wer die meisten Stimmen kriegt, wird Klassensprecher, wer die zweitmeisten kriegt, wird Stellvertreter. Fertig.

Während Frau Walter die Wahlzettel verteilt, spüre ich die steigende Anspannung: Kribbeln im Bauch, Kloß im Hals. Was ist, wenn ich nur zwei oder drei Stimmen bekomme? Wenn ich meine Beliebtheit in der Klasse völlig falsch eingeschätzt habe? Verdammt, warum tue ich mir das hier eigentlich an? Am liebsten würde ich schnurstracks nach vorn gehen und meinen Namen von der Tafel wischen.

Ich schiele in die Runde und versuche zu sehen, wen die anderen auf ihre Zettelchen schreiben. Dabei bleibt mein Blick an Miriam hängen, die Nico gerade ein strahlendes Lächeln schenkt. Simons und Nicos Stimme kann ich also für mich abhaken. Die beiden wählen garantiert Miss H&M.

Schnell schreibe ich meinen eigenen Namen auf den Zettel und falte ihn dreimal zusammen. Keiner soll sehen, dass ich mich selbst gewählt habe. Irgendwie tut man so was ja nicht. Allerdings hat mir Papa irgendwann mal erzählt, dass der erste deutsche Bundeskanzler, Kon-

rad Adenauer, mit einer einzigen Stimme Mehrheit gewählt worden ist – und die eine Stimme soll auch seine eigene gewesen sein. Na also!

Frau Walter sammelt die Zettel wieder ein und bittet Leon aus der ersten Reihe, sie nacheinander vorzulesen. Sie selbst stellt sich an die Tafel und macht nach jeder Nennung einen Strich hinter den betreffenden Namen.

Der erste Zettel wird vorgelesen. Natürlich eine Stimme für Kai. Dann eine für mich, dann wieder für Kai, für Miriam, endlich eine für Philipp … Ich bemühe mich, nicht ununterbrochen an die Tafel zu sehen und die kleinen Kreidestriche hinter meinem Namen zu zählen. Ich starre angestrengt auf meinen Tisch, flüstere mit Marie, wühle in meinem Rucksack nach irgendetwas, schaue aus dem Fenster.

Einmal fällt mein Blick auf Kai. Gelassen sitzt er auf seinem Platz und schaut nach vorn. Interessiert, aber kein bisschen aufgeregt. Natürlich, wie sollte es anders sein? Ich drehe mich nach Philipp um. Der sieht aus, als würde er sich am liebsten unter seinem Tisch verkriechen. Der Unglückswurm hat bisher erst zwei Stimmen. Armer Kerl!

Ich schaue wieder an die Tafel. Kai und ich liegen vorn, haben etwa gleich viele Stimmen – oder irre ich mich? Leon faltet die restlichen Zettel auseinander, Frau Walter macht den letzten Strich, dann ist es vorbei. Bevor sie ihren Mund aufmacht, habe ich blitzschnell gezählt: Philipp hat wirklich nur zwei Stimmen, Miriam sieben und – verdammt – Kai und ich haben beide zehn! Super – und was jetzt?

Missmutig schreibt Frau Walter die Zahlen hinter die Namen. Klar, das Ergebnis passt ihr auch nicht. Sie hat Angst, dass jetzt noch mehr von ihrer kostbaren Unterrichtszeit verloren geht. Sie seufzt. „Kai und Kira, weil ihr beide die gleiche Stimmenzahl habt, müssen wir jetzt zwischen euch eine Stichwahl machen. Bei neunundzwanzig Stimmen haben wir dann ja auf jeden Fall ein eindeutiges Ergebnis, einverstanden?“

Ich nicke. Klar, was sollen wir auch sonst machen?

Aber Kai hebt den Arm. „Wir könnten uns den Job auch teilen. Ich hätte damit keine Probleme. Und die Stellvertretung übernimmt dann Miriam.“

Verblüfft schaue ich Kai an. Komischer Vorschlag. Hat er etwa Lust, mit mir gemeinsam den Basar zu organisieren, zu Schülerratsitzungen und Zeugniskonferenzen zu marschieren? Das würde doch der totale Krampf werden, oder? Andererseits wäre es besser, als bei einer Stichwahl eine Niederlage zu kassieren und die Rolle der Stellvertreterin zu übernehmen. Diesen Job hätte nach Kais Vorschlag die gute Miriam. Ich muss plötzlich grinsen. Die Vorstellung, irgendwelche unliebsamen Aufgaben an diese falsche Schlange zu delegieren, gefällt mir.

Also nicke ich bekräftigend. „Ich finde Kais Vorschlag eigentlich sehr vernünftig. – Außerdem wäre die Sache damit erledigt und wir verlieren nicht noch mehr Zeit", füge ich schleimig hinzu, um Frau Walter die Idee schmackhaft zu machen.

Die schnappt dankbar nach dem Köder. „Gut, dann ist alles klar: Kira und Kai sind ab sofort gleichberechtigte Klassensprecher und Miriam ist Stellvertreterin. Alle einverstanden?" Als wir nicken, klatscht sie zufrieden in die Hände. „Na prima!"

2

In der Pause zerrt mich Marie in eine ruhige Ecke des Schulhofs. „Mensch, Kira, wieso hast du dich darauf eingelassen? Jetzt hast du Kai doch ständig an den Hacken! Ich denke, du kannst ihn nicht leiden?“

Ich puste mir eine Haarsträhne aus der Stirn. „Besser, als seine Stellvertreterin zu werden! Das ist jetzt unsere gute Miriam.“

Marie schüttelt den Kopf. „Hast du Kais Vorschlag deswegen angenommen? Um ihr eins auszuwischen?“

„Wenn ich ehrlich bin, war das auch ein Grund“, gebe ich zu. „Hey, ich bin heilfroh, dass sie nur sieben Stimmen bekommen hat! Ist doch wohl echt fies, mich erst zu bitten, mich aufstellen zu lassen, und dann selber ins Rennen zu gehen. Was meinst du, wer hat sie gewählt? Ihr Flüsterfanclub natürlich: Eva, Nadine und Fatma. Und die beiden Neuen sicher auch!“

„Nico und Simon? Wieso bist du da so sicher?“

„Weil die beiden nur in Körbchengrößen denken. Und in der Beziehung hat Miriam eindeutig mehr zu bieten als ich.“ Ich zucke mit den Achseln. „Was anderes geht denen doch gar nicht ins Hirn!“

Marie schaut mich verwundert an. „Manchmal tickst du echt nicht richtig, Kira! Warum bist du denn so sicher, dass die beiden derartig hohl sind? Nur, weil sie hängengeblieben sind und eine Ehrenrunde drehen müssen?“

„Quatsch!“ Ich schieße ein Steinchen gegen die Schulhofmauer. „Ich habe einfach den Blick gesehen, mit dem Nico unsere gute Miriam taxiert hat. Und der war eindeutig.“

„Kann ja sein, dass er sie attraktiv findet. Sie sieht nun mal echt gut aus! Da beißt die Maus keinen Faden ab, wie meine Oma immer so schön sagt." Marie seufzt. Sie ist ähnlich flach wie ich, aber dabei auch noch klein, mit einer Tendenz zur Pummeligkeit. Marie schaut kritisch an sich hinunter und begutachtet ihre stämmigen Beine, als sähe sie sie zum ersten Mal. „Seitdem ich zwei Jahre alt bin, trösten mich ständig irgendwelche Leute: ‚Warte ab, du streckst dich noch!' Ich frage mich nur langsam, wann dieses große Ereignis denn endlich stattfinden wird. Hoffentlich nicht erst nach meinem dreißigsten Geburtstag ..."

Ich lache. „Ach komm, Marie, dafür hast du die schönsten Haare der Welt!" Das stimmt wirklich. Marie hat kräftiges, blondes Haar mit wunderschönen Locken. Wenn ich mir meine Spaghettisträhnen dagegen angucke ... Oje! Aber ich glaube, man ist nie mit dem zufrieden, was man selbst hat.

„Nico und Simon gehen mir schon irgendwie auf den Geist", gebe ich zu. „Dieses ewige, aufgesetzte Angeödetsein – das nervt einfach! Die schauen auf uns herab, bloß weil wir ein oder zwei Jahre jünger sind. Das ist doch albern! Außerdem befürchte ich, dass sich die Jungs jetzt noch mehr bemühen, auf cool zu machen, um ihnen zu imponieren. Leon, Ben und Cem sind ja schon kräftig dabei. Und einige der Mädchen sind auch nicht besser: Miriams Fanclub findet die beiden doch auch ganz toll! Na ja, das Käsegesicht Simon vielleicht nicht unbedingt. Aber Nico schon, bloß weil der nicht gerade ein Zwerg ist, ein bisschen Bartflaum hat und auch bei achtundzwanzig Grad im Schatten mit 'ner Lederjacke rumläuft."

„Aber das kann dir doch egal sein, Kira", wendet Marie ein. „Ich meine, lass die beiden einfach links liegen. Vielleicht normalisiert sich das ja alles, wenn sie erst mal eine Weile in unserer Klasse sind."

„Kann ich mir nicht vorstellen", sage ich zweifelnd. „Ich glaube, das ist alles nur der Anfang und ... Oh nein, was will der denn jetzt?" Aus den Augenwinkeln habe ich Kai gesehen, der zielsicher auf uns zusteuert. Wie üblich stehen ihm die Haare wirr vom Kopf ab und sein T-Shirt hängt auf halb acht.

„Hey, Kira, ich wollte fragen, wann wir uns mal zusammensetzen wegen dem Basar. Wir haben ja wirklich nicht mehr viel Zeit, das Ganze auf die Beine zu stellen. Ich habe eben mit Christoph gesprochen und erfahren, dass schon nächste Woche eine Sitzung des Schülerrats stattfindet, bei der alle Klassenprojekte vorgestellt werden sollen."

Ich schnappe nach Luft. Mannomann! Kai verliert ja echt keine Zeit. Rennt fünf Minuten nach unserer Wahl gleich zum Schulsprecher und macht sich wichtig!

„Hätten wir nicht zusammen zu Christoph gehen können?", frage ich bissig.

Kai schaut mich erstaunt an. „Wieso? Ich meine, ich habe ihm doch nur eine einfache Frage gestellt."

„Trotzdem möchte ich dich bitten, solche Aktionen in Zukunft mit mir abzusprechen!", sage ich gestelzt und fühle mich, schon während ich den Satz ausspreche, völlig bescheuert. Was rede ich denn da bloß für einen Quatsch zusammen? Ich bin doch sonst nicht so! Aber irgendwie reizt mich Kais Art einfach. Ich kann das nicht abstellen.

Kai versenkt die Hände in den Hosentaschen. Wahrscheinlich, damit ich nicht sehen kann, dass er sie zu Fäusten geballt hat. „Okay, ich frage dich nächstes Mal, bevor ich mit jemandem in *offizieller* Mission rede, in Ordnung?“ Sein Ton macht nur allzu deutlich, was er von meiner Anstellerei hält.

Ich bemühe mich, die Situation zu retten und zumindest einen Hauch konstruktiv zu sein: „Wann wollen wir uns denn treffen? Ich meine, wegen des Basars?“

Kai zieht einen Kalender aus der Tasche. „Wie wär's mit morgen Nachmittag? Zwischen halb vier und halb fünf?“

Oh, der Herr hat einen hochwichtigen Terminkalender und eine ganze Stunde Zeit für mich. Ist ja toll. „Schön, dass du mich noch dazwischenschieben kannst“, antworte ich spöttisch. „Okay, wo wollen wir uns treffen?“

Kai zuckt mit den Achseln. „Ich könnte zu dir kommen.“

Auch das noch. Nachher hängt er dann den ganzen Nachmittag bei mir rum. Aber nein, er hat ja nur bis exakt 16:30 Uhr Zeit. Ich muss kichern.

Kai sieht mich irritiert an. „Ist was?“

„Nö, nö.“ Ich schüttle den Kopf. „Okay, alles klar, ich wohne in der Harperstraße 12, das ist ganz nah bei der Petrikirche.“

Plötzlich mischt sich Marie in das Gespräch ein. „Müsstet ihr Miriam nicht auch Bescheid sagen?“

Was ist denn in Marie gefahren? Die mache ich nachher erst mal zur Schnecke!

„Och, ich glaube nicht“, sage ich bemüht locker. „Oder was meinst du, Kai?“

Er sieht mich direkt an. „Drei Leute können mehr auf die Beine stellen als zwei. Wir sollten sie fragen, finde ich.“

„Das Einzige, was Miriam auf die Beine stellen kann, ist sich selbst", entgegne ich. „Aber wenn du meinst – frag sie einfach!"

„Mach ich", antwortet Kai. Er grinst. Über mich? Über Miriam? Über meine Bemerkung zu Miriam? Keine Ahnung. Endlich dreht er ab.

Marie blickt ihm nach. „Eigentlich ist er doch ganz nett, oder?", sagt sie.

Ich glaube, ich muss meine Freundschaft zu Marie mal ernsthaft überdenken …

Als ich mittags nach Hause komme, ist Mama schon da. Sie arbeitet an drei Tagen in der Woche in der Stadtbücherei. Montags und donnerstags ist sie zu Hause, wenn ich aus der Schule komme.

Meine Mutter schiebt gerade zwei Tiefkühlpizzas in den Ofen und fragt: „Na, wie war's in der Schule?"

An ihrem neutralen Ton höre ich, dass sie die Klassensprecherwahl komplett vergessen hat. Irgendwie nehme ich ihr das übel. So sehr mir Papas ewige Einmischung auf den Geist geht, so sehr verletzt mich jetzt Mamas offensichtliche Gedankenlosigkeit.

Schweigend stopfe ich Pizza und Salat in mich hinein und sage kein Wort von der Wahl. Soll Mama doch nachher ein richtig schlechtes Gewissen kriegen, wenn sie mitbekommt, was heute in der Schule los war! Papa wird das „große Ereignis" sicherlich nicht vergessen …

Tatsächlich. Kaum hat mein Vater abends den grauen Anzug gegen sein Freizeitoutfit getauscht, fängt er schon damit an: „Na, Mäuschen, wie ist es heute gelaufen? Haben sie dich gewählt?"

Ich nicke und er klopft mir stolz auf die Schultern. „Wusste ich's doch! Komm, erzähl mal genau, wie die Wahl gelaufen ist!"

Als Papa hört, dass ich eigentlich nur eine halbe Klassensprecherin bin, sieht er schon wieder ein bisschen enttäuscht aus. „Schade, dass du die Wahl nicht eindeutig gewonnen hast, Kira. Aber es kann auch eine gute Übung sein, mit jemand anderem eng zusammenzuarbeiten. Vielleicht ergänzt ihr beide euch ja gut."

Ich nicke erneut, wenig überzeugt. „Kann sein. Ich glaube aber eher, dass es zwischen Kai und mir Probleme geben wird …"

„Wenn ich das schon wieder höre …" Papa seufzt. „Du darfst da natürlich nicht so negativ rangehen! Wie willst du denn mit einer derartigen Grundhaltung gute Ergebnisse erzielen?"

Ich bereue schon wieder, überhaupt irgendwas gesagt zu haben. Aber jetzt ist Papa natürlich nicht mehr zu stoppen: „Wollt ihr denn wirklich diesen merkwürdigen Basar für dieses Kinderhilfswerk organisieren? Vielleicht fällt euch ja noch etwas Originelleres für das Schuljubiläum ein."

Verblüfft sehe ich meinen Vater an. „Aber als ich dir vor den Ferien von Annas Vorschlag erzählt habe, gefiel dir die Idee doch gut!"

Papa nickt. „Der Grundgedanke ist ja auch nicht schlecht. Aber man könnte sicherlich mehr daraus machen als einen einfachen Stand, auf dem Schüler den Trödel ihrer Eltern verkaufen, verstehst du? Wer will heute schon gebrauchte Bowlegefäße, alte Vasen und Gulaschterrinen haben? Die stehen doch bei jedem selbst auf dem Dachboden. Nein, nein, da müsst ihr ganz anders rangehen und …"

„Aber das wollen wir doch auch!", unterbreche ich Papas Redefluss. „Wir haben jede Menge Ideen, wie wir das Ganze aufpeppen können!"

„Tatsächlich?" Mein Vater blickt mich zweifelnd an. „Dann sag mal konkret, was ihr euch vorstellt. Nur zu, ich bin ganz Ohr!"

Unter Papas forderndem Blick fühlt sich mein Hirn schon wieder komplett leer an. Jeder Ansatz eines pfiffigen Einfalls ist wie weggefegt. „Na ja, wir arbeiten ja noch dran", sage ich lahm. „Morgen treffe ich mich mit Kai, um Ideen zu sammeln. Ich denke schon, dass da einiges zusammenkommt."

Mein Vater hat mir gar nicht richtig zugehört. Ich sehe förmlich, wie in seinem Kopf ein komplettes PR-Konzept für unseren Basar entsteht. Und dann legt er auch schon los: „Vielleicht könntet ihr ja Luftballons bedrucken lassen: *Die Klasse 7b unterstützt die Aktion* Extrema da rua – oder so ähnlich. Die Ballons könnt ihr verteilen und am Stand befestigen. Das macht optisch viel her und ist auch ein schönes Bild für die Medien. Die lokale Presse wird ja sicherlich über das Schuljubiläum berichten, nicht wahr? Die Journalisten müssen natürlich vernünftig informiert werden. Wer kümmert sich da eigentlich drum?"

„Keine Ahnung!" Ich bin aufgesprungen. Mein Vater kann einen echt in den Wahnsinn treiben. „Papa, erstens heißt die Organisation nicht *Extrema*, sondern *Estrela da rua* und zweitens geht es gar nicht darum, mit dem Basar in die Zeitung zu kommen! Und für solche Werbeluftballons hätten wir sowieso kein Geld und …"

„Ihr müsstet euch natürlich Sponsoren besorgen! Geschäftsleute, die euch finanziell unterstützen und deren Logo dann gleichfalls auf dem Ballon erscheint. Das ist überhaupt kein Problem! Ich könnte euch da sicher ein paar Tipps geben, Adressen nennen oder …“

Langsam werde ich richtig sauer. „Papa, wir wollen kein Geld für Ballons und so einen Quatsch ausgeben! Das Geld, das wir einsammeln, wollen wir komplett an *Estrela da rua* spenden. Es geht nicht darum, *uns* darzustellen, sondern etwas …“, ich suche nach Worten, „einfach etwas … na ja, etwas Gutes zu tun. Kapierst du das nicht?“

Mein Vater blickt mich verständnislos an. „Ja, aber genau davon rede ich doch! Man kann doch das eine mit dem anderen verbinden! Kira, Kind, du musst noch eine Menge lernen …“

„Du auch!“, rufe ich und renne aus dem Zimmer.

Für heute habe ich wirklich genug von Papas guten Ratschlägen! Warum kann er nur nie zufrieden sein mit dem, was ich tue? Warum hat er zu allem auf der Welt eine bessere Idee, einen genialeren Vorschlag? Nicht zu fassen! Wie hält Mama das nur schon so viele Jahre aus?

Trotz meiner Wut schaffe ich es, mir später noch ein paar Notizen zu unserem Basar zu machen.

Deshalb sitze ich am Tag darauf, während ich auf Kai warte, nicht planlos herum, sondern kann alles noch mal durchgehen. Unschlüssig schiebe ich den Krug mit der Apfelschorle und die Schokokekse, die Mama spendiert hat, auf meinem kleinen Couchtisch hin und her. Dann stelle ich die Keksschale doch auf meinen Schreibtisch.

So sieht es irgendwie zufällig aus und nicht so, als hätte ich mir für Kais Besuch besondere Mühe gegeben.

Ob Miriam wohl auch kommen wird? Ich habe keine Ahnung, ob Kai sie noch gefragt hat oder nicht. Na ja, ich lasse mich überraschen!

Als es klingelt, schaue ich rasch auf die Uhr. Genau halb vier. Ich lasse mir ein bisschen Zeit, bevor ich die Tür öffne und eine Spur überrascht sage: „Ach so, du bist's!" So, als hätte ich unsere Verabredung komplett vergessen, weil bei mir jeden Nachmittag Dutzende von Jungs reinschauen.

„Hallo, Kira!"

Kai folgt mir durch den Flur in mein Zimmer. Ich habe darauf geachtet, dass es nicht zu aufgeräumt aussieht. Hier ein Kissen auf dem Boden, da ein Buch auf dem Bett – natürlich keine peinliche Liebesgeschichte, sondern der letzte *Harry Potter*. In der Beziehung bin ich mindestens so perfekt wie meine Mutter.

„Kommt Miriam auch noch?", frage ich beiläufig.

Kai schüttelt den Kopf. „Nein, sie hatte schon was anderes vor heute Nachmittag."

„Habe ich mir gedacht." Demonstrativ räume ich das dritte Glas weg.

„Was hast du eigentlich gegen Miriam?", möchte Kai plötzlich wissen.

Huch! Ich drehe mich überrascht um. Normalerweise stellen Jungs nicht solche Fragen. Wenn sie so was wie Spannungen zwischen anderen überhaupt registrieren, speichern sie das höchstens als Information irgendwo ab. Aber sie sprechen nicht darüber, jedenfalls nicht so direkt.

Einen Moment überlege ich, ob ich Kai erzählen soll, wieso ich Miriams Verhalten rund um die Klassensprecherwahl unterirdisch finde. Aber dann halte ich doch lieber meinen Mund und zucke nur mit den Achseln. „Ich habe gar nichts gegen sie. Ich kann mir nur nicht richtig vorstellen, dass sie wirklich bereit ist, uns zu helfen. Bei dem Basar, meine ich."

Kai nickt. „Abwarten. Vielleicht unterschätzen wir sie ja."

Wenigstens hat er „wir" gesagt und nicht „du". Etwas versöhnt halte ich ihm die Schale mit den Schokokeksen unter die Nase. „Hier, magst du?"

Kai greift zu.

„Ich habe mir ein paar Sachen aufgeschrieben, wie wir den Basar aufpeppen können", sage ich dann. „Willst du mal hören?"

„Klar." Kai lässt sich auf meine Couch fallen und schaut mich aufmerksam an.

Ich ziehe meinen Notizblock hervor. „Also, ich denke, wir müssen darauf achten, dass die Leute unseren Basar nicht nutzen, um ihre Keller und Dachböden vom Sperrmüll zu befreien. Wir müssen allen deutlich machen, dass sich nur schöne und wirklich gut erhaltene Sachen verkaufen lassen. Und es muss klar sein, dass jeder die Sachen, die nicht verkauft werden, wieder nach Hause schleppen muss. Wenn wir nicht noch eine andere Möglichkeit finden."

Kai grinst. „Gute Idee. Das wird einige davon abhalten, ihren Müll bei uns abzuladen. Was hast du noch?"

„Hm", ich kaue auf meinem Kugelschreiber herum. „Wir könnten doch auch ein paar selbst gemachte Sachen verkaufen. Zum Beispiel besonders gute Töpferarbeiten, die in den Schul-AGs entstanden sind, oder auch Mobiles und Holzspielzeug aus dem Werkunterricht und so weiter."

Kai nickt zustimmend. „Wir könnten die entsprechenden Lehrer bitten, in den höheren Klassen nach solchen Dingen zu fragen. Die machen zum Teil einfach schon bessere Sachen als wir." Er überlegt einen Moment. „Es müssen ja auch nicht nur Dinge sein, die in der Schule entstanden sind. Ich kenne ein paar Mädchen, die diese bunten Perlenarmbänder und Ketten selber machen. Du weißt schon, was ich meine … Diese Dinger mit Hunderten von klitzekleinen Perlen in verschiedenen Farben. Da wird man schon beim Zusehen blind. Das Auffädeln muss 'ne Heidenarbeit sein …"

Jetzt bin ich doch neugierig geworden. „Die Art Schmuck kenne ich natürlich. Aber wer macht denn so was selber?"

Kai zuckt mit den Achseln. „Einige Mädels bei uns in der Gruppe eben."

„In welcher Gruppe?" Gespannt beuge ich mich vor. Vielleicht ist Kai ja in einer dieser obskuren Sekten, die ihre Mitglieder mit Haut und Haar verschlingen. Das würde zumindest seine Art erklären, scheinbar ständig über den Dingen zu stehen.

Kai sieht mich überrascht an. „Die *Estrela*-Gruppe natürlich. Ich arbeite da mit, genau wie Anna früher. Wusstest du das nicht?"

„Nee, woher denn?"

„Na, Anna und ich, wir haben doch den Vorschlag gemacht, den Basar aufzuziehen und das Geld für *Estrela da rua* zu spenden."

Irgendwie passt es mir nicht, dass die Idee nicht allein von Anna kam. „Ich hatte gar nicht mitgekriegt, dass du auch dabei bist. Und was macht ihr da so? In der Gruppe, meine ich."

„Ach, ganz unterschiedliche Sachen. Wir knüpfen zum Beispiel Brieffreundschaften mit Straßenkindern und obdachlosen Jugendlichen in Rio. Das ist ziemlich kompliziert, weil die meisten von denen natürlich nie lesen und schreiben gelernt haben. Sie diktieren ihre Briefe den Mitarbeitern unserer Partnerorganisation in Rio. Und wir haben einen in der Gruppe, der Portugiesisch kann und die Briefe übersetzt. Das ist total irre, was man da so erfährt! Na ja, und dann organisieren wir Infostände, verteilen Flugblätter, sammeln Gelder und Spenden. Einige von uns waren sogar schon selber in Brasilien und haben dort ein paar Wochen im *Estrela*-Haus mitgearbeitet. All so was eben …"

Ich nicke, wider Willen beeindruckt.

Kai schaut mich interessiert an. „Und was machst du so? Neben der Schule, meine ich."

Peinliche Frage. Was soll ich denn jetzt sagen? Neben Kais Engagement wirkt doch jedes Hobby albern und oberflächlich. „Ich mache Jazzdance", sage ich schnell und zupfe an dem Kissen auf meinem Schoß herum. Ob er nun einen blöden Spruch ablässt?

Aber Kai nickt nur. „Ein bisschen Sport würde mir auch ganz guttun."

Das stimmt. Kai wirkt zwar kräftig, aber nicht gerade sehr muskulös.

„Wieso wolltest du eigentlich Klassensprecherin werden?"

Fast wäre ich aufgesprungen. Was soll das denn jetzt? Gerade hatte ich angefangen, mich Kai gegenüber ein bisschen zu entspannen, da schießt er urplötzlich schon wieder so eine direkte Frage ab.

Ich mache eine unbestimmte Handbewegung. „Na ja, ich habe mich ja nicht selbst gemeldet. Marie hat mich vorgeschlagen. Und dann dachte ich halt: Warum nicht?"

Ob er mir das abnimmt?

Nee, neben Kais Mundwinkeln bilden sich zwei kleine Grübchen. Er grinst. „Das war doch abgesprochen zwischen Marie und dir!"

„Quatsch!" Wütend werfe ich meine Haare nach hinten. „Was soll das überhaupt? Wieso muss ich mich vor dir rechtfertigen? Das geht dich doch gar nichts an! Glaub mir, ich würde diese ganze Aktion hier auch lieber alleine machen! Es war deine Idee, dass wir zusammenarbeiten, nicht meine!" Ich bin sauer. Die gute Stimmung, die eben noch zwischen uns war, ist verpufft. Ich stehe auf und schleudere meinen Notizblock auf die Couch. „Musst du nicht langsam gehen? Ich denke, du hast nur bis exakt 16:30 Uhr Zeit! Und danach musst du dringend los, um den armen Kindern im bitterbösen Brasilien zu helfen!"

Kai ist auch aufgestanden. Wortlos packt er seine Sachen zusammen.

Ich beiße mir auf die Lippen. Verdammt, ich bin mal wieder übers Ziel hinausgeschossen! Die letzte Bemerkung hätte ich mir sparen können! Schließlich finde ich es wirklich gut, dass er sich für *Estrela* engagiert. Zu blöd von mir!

„Wie geht's denn jetzt weiter?", frage ich unsicher.

„Was?" Kai schaut angestrengt an mir vorbei.

„Na ja, wir müssen doch mit den anderen in der Klasse sprechen. Damit sie mal darüber nachdenken, was sie zum Basar beitragen können."

„Stimmt." Kai überlegt einen Moment. „Wir bitten sie einfach, morgen in der großen Pause oben zu bleiben."

„Meinst du, darauf lassen die sich ein? Da möchte ich Cem, Nico und Simon aber mal erleben …"

Kai zuckt mit den Achseln. „Wir haben ja jetzt die gelben Karten …"

Die blöden Dinger hatte ich ganz vergessen! Frau Walter hat Kai, Miriam und mir gestern nach der Wahl einen Packen kleiner, gelber Karten ausgehändigt. Dann hat sie uns erklärt, dass wir diese Kärtchen – ähnlich wie Schiedsrichter beim Fußball – an Mitschüler verteilen können, die sich total danebenbenehmen. Hat einer drei gelbe Karten kassiert, kann Frau Walter ihm eine rote verpassen. Das bedeutet, dass derjenige eine Benachrichtigung nach Hause bekommt.

Ich weiß nicht, wer sich das ausgedacht hat. Jedenfalls ist diese komische Regelung neu und ich habe noch keine Ahnung, was ich davon halten soll. Das Ganze trägt mit Sicherheit nicht dazu bei, sich als Klassensprecherin allzu beliebt zu machen!

Manchmal glaube ich, die Lehrer denken sich so was aus, um unliebsame Aufgaben auf uns abzuwälzen. Es gibt schließlich eine Menge Lehrer, die es selbst kaum schaffen, ihre Klassen ruhig zu kriegen. Da sausen Papierflieger hin und her, da wird ständig gegrölt, gelabert, aufgestanden, herumgelaufen ... Wenn die Lehrer aber eine Besprechung haben und eine Zeit lang nicht da sind, sollen wir Klassensprecher dann das wuppen, was sie selbst kaum schaffen: für Ruhe sorgen. Aber das ist natürlich total absurd. Das hat noch nicht mal Anna hingekriegt! Es gibt in unserer Klasse jede Menge Knallnasen, die auf das Wort „Ruhe“ hin erst recht loslegen! So, als wäre „Ruhe“ ein irregeleitetes Zauberwort, das exakt das Gegenteil bewirkt. Vielleicht müsste man einfach mal „lauter, lauter“ in die Menge schreien und gucken, ob das dazu führt, dass die Leute still sind ...

„Was grübelst du?“, unterbricht Kai meine Gedanken.

„Ach, ich habe mir nur gerade vorgestellt, was passiert, wenn wir Cem oder Nico morgen eine gelbe Karte in die Hand drücken ...“

Kai schaut mich verwundert an. „Was soll schon groß passieren?“

Ich zucke mit den Achseln. „Weiß nicht. Dass sie auf uns rumhacken oder uns auslachen oder so was.“

„Ja und?“ Wieder setzt Kai diesen merkwürdig neutralen Blick auf, so, als verstünde er überhaupt nicht, was ich meine.

„Ja und? Ja und?“, äffe ich ihn nach. „Vielleicht ist es dir ja egal, wenn die Leute auf dir rumhacken. Aber mir nicht. Mir macht das schon was aus!“

Kai wirft sich seine Jacke über die Schulter und greift nach seinem Rucksack. „Ich glaube, das solltest du dir aber morgen besser nicht anmerken lassen. Tschüss, Kira.“

Kaum ist die Tür hinter Kai ins Schloss gefallen, stürze ich ans Telefon. Dieses merkwürdige Treffen muss erst mal mit Marie durchgekaut werden. Ich habe Glück: Sie ist gleich am Apparat. Irgendwie spreche ich nämlich total ungern mit Maries Mutter. Die schafft es jedes Mal, mir das Gefühl zu vermitteln, ich würde sie oder Marie bei etwas ungeheuer Wichtigem stören. Und ständig liegt so ein leidender Ton in ihrer Stimme. Total nervig.

„Na, wie war's?“ Marie ist kaum zu verstehen. Sie kaut mal wieder irgendetwas. Wahrscheinlich Lakritzschnecken, die sie sich immer quer in den Mund schiebt, anstatt sie ordentlich abzurollen, wie das normale Menschen tun.

Ich lasse mich in den großen Sessel im Flur fallen und ziehe die Beine eng an meinen Körper. „Ach, es ging so“, sage ich. „Wir haben Pläne für den Basar gemacht. Und das ist eigentlich ganz gut gelaufen. Ich glaube, wir haben ähnliche Vorstellungen, wie wir das Ganze anpacken. Irgendwie hatte ich befürchtet, dass Kai vielleicht so abstruse Ideen hat wie mein Vater.“ Ich erzähle Marie schnell von meinem Gespräch mit Papa am Vorabend.

Marie kichert. „Michael Kastner, der große PR-Manager … am liebsten würde er die ganze Sache doch selbst in die Hand nehmen."

„Stimmt." Ich nehme mir einen Apfel aus der Schale und beiße kräftig hinein. Maries ewige Mümmelei ist ansteckend. „Hat sich dein Vater eigentlich mal wieder gemeldet?" Maries Eltern sind geschieden und ihr Vater lässt bloß in sehr unregelmäßigen Abständen von sich hören. Marie beklagt sich nur selten darüber. Aber ich weiß, dass ihr die Unzuverlässigkeit ihres Vaters ganz schön zusetzt.

„Ja, das habe ich dir ja noch gar nicht erzählt! Stell dir vor: Papa will, dass ich das ganze nächste Wochenende bei ihm verbringe. Er hat gesagt, er hat eine Überraschung für mich!"

„Echt? Klingt ja richtig spannend!"

„Ich war auch ganz von den Socken!" Maries Stimme ist ganz schrill vor Aufregung. „Du weißt ja, dass er mich sonst meistens nur für einen Nachmittag abholt. Und dann machen wir das Übliche: Einkaufsbummel, Kino, Eis essen – das Standardprogramm eben. Und danach schnell wieder bei Mama abliefern. In Papas neuer Wohnung war ich überhaupt noch nicht!"

„Was sagt denn deine Mutter dazu, dass du plötzlich ein ganzes Wochenende bei ihm verbringen sollst?"

Marie seufzt. „Ach, du kennst sie ja: Wenn Papa sich meldet, beklagt sie sich. Und wenn er wochenlang nichts von sich hören lässt auch. Ich will am liebsten gar nicht mit ihr darüber reden. Ich verbringe das Wochenende bei Papa und fertig. Keine Diskussion! Er hat übrigens gesagt, ich soll mir schicke Sachen mitbringen. Bestimmt hat er irgendwas ganz Besonderes vor! Was, denkst du, könnte es sein?“

„Keine Ahnung, aber es wird sicher schön“, sage ich überzeugter als ich in Wirklichkeit bin. Überraschungen sind schließlich nicht immer positiv. Und Überraschungen, die Eltern sich ausdenken, schon gar nicht! Jedenfalls nicht, wenn man älter ist als sechs und nicht mehr an den Weihnachtsmann glaubt. Aber Marie ist richtig aufgekratzt. Ich will ihr die Vorfreude auf das Wochenende mit ihrem Vater nicht verderben.

„Morgen musst du mir übrigens beistehen“, wechsle ich das Thema. „Kai und ich wollen eine Besprechung wegen des Basars einberufen. In der großen Pause.“

„In der großen Pause?“ Marie pfeift durch die Zähne. „Wie soll das denn gehen? Wollt ihr die Leute auf ihren Stühlen festbinden, oder was?“

Ich seufze. „Ehrlich gesagt, habe ich auch keine Ahnung, wie das laufen soll. Weißt du was: Ich überlasse das Kai! Da kann er mal zeigen, wie locker er alles managen kann … Und ich, ich halte mich ganz still und bescheiden im Hintergrund.“

Marie kichert. „Das wäre aber das erste Mal, Kira!“

3

Zugegeben: Kai hat die Sache geschickt angefangen. Er hat Frau Walter einfach gefragt, ob sie uns die letzten fünf Minuten ihrer Mathestunde zur Verfügung stellt, um die Besprechung vorzubereiten. Und sie hat sich tatsächlich breitschlagen lassen. Obwohl sie sonst jedes Mal laut aufjault, wenn ihr jemand etwas von ihrer kostbaren Unterrichtszeit abknapsen will.

Während Frau Walter noch durch die Klasse geht und Arbeitsbögen einsammelt, befestigen Kai und ich schon einige *Estrela-da-rua*-Plakate an der Tafel. Die meisten zeigen Fotos brasilianischer Kinder. Sie hocken verloren am Straßenrand, wühlen in Mülleimern nach Essbarem oder rollen sich zum Schlafen in Hauseingängen zusammen, zugedeckt mit Zeitungspapier.

Obwohl ich diese Bilder schon mehrere Male gesehen habe, berühren sie mich immer wieder. Und jedes Mal schäme ich mich dann ein bisschen dafür, wie gut es mir selbst geht, wie sorglos und geborgen mein eigenes Leben verläuft. Seltsamerweise hält dieses Gefühl aber nie lange an. Schon kurz darauf erwarte ich von Mama wieder ganz selbstverständlich, dass sie mir irgendeine Tasche oder ein Shirt kauft, bloß weil so ein Teil jetzt alle haben. Ob das den anderen auch so geht? Ich glaube schon. Ich kenne niemanden, der ganz bewusst auf neue Klamotten oder irgendeine aktuelle CD verzichtet, um das so gesparte Geld irgendeiner Hilfsorganisation zu spenden. Dabei wäre es doch so leicht, etwas Gutes zu tun. Warum macht man es eigentlich nicht? Aber vielleicht ist dieser Basar ja ein guter Anfang …

Als Kai und ich alle Plakate aufgehängt haben, wendet er sich an die Klasse: „Hört bitte mal her: Wir möchten jetzt in der Pause mit euch über den Basar sprechen, den wir zum Schuljubiläum auf die Beine stellen wollen!" Kai deutet kurz auf die Plakate hinter sich. „Der Erlös des Basars soll an die Hilfsorganisation *Estrela da rua*, Stern der Straße, gehen. So, wie wir es vor den Sommerferien beschlossen haben. Ihr wisst ja: Wir haben nur noch drei Wochen Zeit, alles zu organisieren! Also rennt bitte nicht raus, wenn's gleich klingelt, okay? Danke!"

In der Sekunde ertönt auch schon der Gong. Frau Walter nickt uns kurz zu, dann ist sie draußen.

Ich stehe neben Kai vorn am Pult. Bestimmt habe ich vor Aufregung schon jede Menge roter Flecken im Gesicht, obwohl ich noch kein einziges Wort gesagt habe. Mein Herz klopft. Ich weiß genau, wenn jetzt zwei oder drei Leute aufstehen und rausgehen, Leute, die in der Klasse was zu melden haben wie Cem, Nico oder Ben, dann können wir die ganze Besprechung vergessen! Dann trotten die anderen wie die Schafe hinterher und Kai und ich stehen allein hier.

Verdammt, wieso hängt das eigentlich mal wieder vom Verhalten der Jungs ab? Jungs müssen ständig demonstrieren, dass sie sich von keinem was vorschreiben lassen. Mädchen zeigen ihre Macht anders. Sie scharen eine Gruppe um sich und bestimmen in dieser Gruppe, wer und was angesagt ist. Aber das geschieht alles unterschwelliger, nicht so protzig-blöd wie bei den Jungs!

Bisher sitzen jedoch noch alle brav auf ihren Plätzen. Auch der Geräuschpegel hält sich in Grenzen. Kai räuspert sich und berichtet noch einmal kurz über die Arbeit von *Estrela da rua*: In den letzten Jahren konnte die Hilfsorganisation mehrere Sozialarbeiter einstellen, die zurzeit fast dreihundert Kinder aus den Elendsvierteln von Rio betreuen. Im *Estrela*-Haus gibt es für die Kinder nicht nur einen Schlafplatz und etwas zu essen, sie werden auch medizinisch versorgt. Das sei besonders wichtig, erklärt Kai, weil viele der Kinder drogensüchtig

seien. Die meisten von ihnen schnüffeln Schusterleim oder werfen irgendein billig zusammengemixtes, giftiges Zeug ein.

„Ist doch super!“, grölt Nico dazwischen. „Dann sind die ja immer gut drauf!“

Nach Nicos bescheuertem Spruch wird es einen Moment unruhig in der Klasse. Einige drehen sich zu Nico um, kichern unsicher. Ich überlege, ob es angesagt wäre, Nico für diese miese, geschmacklose Bemerkung eine gelbe Karte zu verpassen. Aber das würde die Stimmung wahrscheinlich nur unnötig aufheizen.

Kai spricht einfach weiter, als habe er Nicos Einwurf gar nicht gehört: „Jetzt will *Estrela da rua* einen kleinen Hof außerhalb der Stadt kaufen. Dort sollen ehemalige Straßenkinder lesen und schreiben lernen oder sogar eine einfache Ausbildung machen können. Und genau dieses Projekt wollen wir mit dem Erlös unseres Basars unterstützen. Alles klar?" Kai blickt fragend in die Runde.

Ich halte den Atem an. Ob Nico noch mal dazwischenfunkt? Nein, dieses Mal hält er seinen Mund. Glück gehabt!

Kai faltet seinen Notizzettel zusammen. „Okay, dann kommen wir jetzt zur Organisation: Fragt in den nächsten Tagen bitte eure Eltern, Freunde oder Verwandte nach Sachen, die sich für den Basar eignen. Porzellan zum Beispiel, alte Bilder, Spiegel, Bücher … Aber achtet darauf, dass die Sachen in einem guten Zustand sind! Abgegrabbeltes Zeug will keiner kaufen. Das ist ja wohl klar! Und alles, was nicht verkauft wird, müsst ihr nach dem Basar wieder mit nach Hause nehmen."

„Was ist mit Kleidung?", fragt Leon dazwischen.

Kai blickt mich auffordernd an. Soll ich jetzt etwa was sagen?

Meine Stimme erscheint mir selbst fremd und unnatürlich hoch, als ich antworte: „Also, ich denke, Kleidung kommt nur infrage, wenn sie so gut wie neu ist. Oder eben richtig witzige, altmodische Sachen. Hüte zum Beispiel, bestickte Blusen von euren Omas, Samtjäckchen … so was in der Art."

„Meine Tante hatte früher einen Verleih für Kostüme und Abendkleider und so. Vielleicht hat sie ja aus dieser Zeit noch ein paar Sachen übrig!", wirft Oliver eifrig ein.

Bevor ich antworten kann, höre ich schon wieder Nicos Stimme – boshaft und schneidend: „Das lohnt sich leider nicht, Kleiner! Wenn die Klamotten deiner Tante genauso schmierig sind wie du, müssen wir ja erst mal alles entlausen!“

Die Klasse grölt und Nico lehnt sich zufrieden zurück. Für sein fieses Grinsen könnte ich ihn auf der Stelle erwürgen!

Oliver ist knallrot angelaufen. Er schluckt. Es ist offensichtlich, dass er am liebsten losheulen würde. Ich könnte platzen vor Wut! Wieso ist Nico nur derartig fies? Und warum lassen sich die anderen von seinen bescheuerten Sprüchen beeindrucken?

Klar, Olivers Klamotten sind wirklich oft schmuddelig und Löcher in Hosen und Shirts sind bei ihm keine Seltenheit. Auch seine Haare könnte er sich häufiger waschen. Mit Marie habe ich oft genug über Olivers mangelnde Körperpflege gelästert. Aber das ist kein Grund, ihn hier vor allen bloßzustellen!

Ich werfe Nico einen bösen Blick zu. „Du scheinst es ja nötig zu haben, Jüngere niederzumachen!“

Nico grinst wieder. „Jedenfalls besser, als in dieser öden Show, die ihr hier abzieht, auf gute Tante zu machen, so wie du, Kira! Zumindest unterhaltsamer, wie du siehst ...“ Mit einer Handbewegung deutet Nico auf unsere lieben Mitschüler, die immer noch leise vor sich hin kichern. Aus den Augenwinkeln sehe ich, dass auch Miriam breit grinst – diese hohle Kuh!

Nico steht auf und geht langsam zur Tür. „Mir reicht das Theater hier. Ich geh eine rauchen. Kommst du mit, Simon?“

Natürlich springt Simon sogleich brav auf, um seinem Herrn und Meister zu folgen. Hätte mich auch gewundert, wenn er sitzen geblieben wäre. Dieser Schwächling!

Jetzt reden alle durcheinander. Stühle werden geschoben, Brote ausgepackt, nach und nach gehen alle nach draußen. Oliver ist einer der Letzten, die den Raum verlassen. Schnell dränge ich mich zu ihm durch. „Oliver, die Idee mit dem Kostümverleih finde ich toll. Ich würde mich sehr freuen, wenn du deine Tante deswegen ansprichst, ja?"

Oliver nickt nur. Die Begeisterung, mit der er seine Idee vorhin vorgetragen hat, ist komplett verschwunden. Kein Wunder! Ich bin ziemlich sicher, dass er seine Tante gar nicht erst fragen wird. Ach verdammt, es ist zum Kotzen!

Hilfe suchend sehe ich Kai an. „Was machen wir denn jetzt?"

Kai hat seelenruhig damit begonnen, die *Estrela*-Plakate von der Tafel zu nehmen. „Gar nichts, war doch okay. Wir haben gesagt, was wir sagen wollten. Die anderen wissen Bescheid und jetzt kommt Bewegung in die Sache."

Empört baue ich mich hinter ihm auf. „Es war für dich okay, wie das hier gelaufen ist?"

Endlich dreht sich Kai zu mir um. „Natürlich waren die Sprüche von Nico unter aller Kanone. Aber ich glaube, es bringt nichts, Typen wie Nico anzugreifen. Das macht sie nur noch aggressiver."

War das etwa ein Vorwurf? Weil ich Nico angemacht habe? „Ja, was soll man denn sonst tun?", frage ich Kai herausfordernd. „Die andere Wange hinhalten, oder was?"

Kai zuckt mit den Achseln. „Ich würde ihn einfach ignorieren. Mensch, Kira, für Nico und Simon ist es doch im Moment total nervig in unserer Klasse. Ein ganzes Jahr wiederholen zu müssen, das ist bestimmt kein Spaß. Die beiden fühlen sich doch als Versager. Einige unserer lieben Lehrer sparen ja nicht gerade an dämlichen Bemerkungen … Wer weiß, vielleicht haben sie auch total Zoff mit ihren Eltern oder sonst was. Ich bin sicher, die beiden fühlen sich im Grunde ganz klein mit Hut."

Ich schüttle ungläubig den Kopf. „Mir kommen gleich die Tränen! Echt! Und was ist mit dem Basar? Wie soll es da weitergehen?"

Sorgfältig rollt Kai die Plakate zusammen. „Diejenigen, die mitarbeiten wollen, werden schon einiges zusammentragen. Und die, die keinen Bock auf die ganze Aktion haben, hätten wir auch mit einer langen, flammenden Rede nicht motivieren können."

„Vielleicht hast du ja recht", räume ich ein. „Aber trotzdem. Es nervt mich einfach, dass Typen wie Nico die Regeln bestimmen. Und wir, wir tun nichts anderes, als um sie herumzueiern: Bloß nicht provozieren, damit es nicht noch schlimmer wird! Bloß nicht anecken! Ist doch voll bescheuert! Außerdem sind wir gar nicht mehr dazu gekommen, die Sache mit den Töpferarbeiten und so anzusprechen."

„Das stimmt allerdings." Kai überlegt.

Aber ich habe schon eine Idee: „Wir könnten das doch schriftlich machen. Dann ersparen wir uns noch so einen Auftritt wie diesen hier eben. Lass uns einfach ein Flugblatt entwerfen! Da schreiben wir genau drauf, was wir brauchen können, und verteilen das dann in der ganzen Schule."

Kai lächelt mir anerkennend zu. „Gute Idee, Kira! Schreibst du einen Entwurf? Ich kümmere mich dann ums Kopieren."

„Okay." Ich nicke zufrieden. Jetzt habe ich wenigstens wieder das Gefühl, dass es vorwärtsgeht. Aber ich kann nicht anders, ich muss Kai noch ein bisschen piesacken: „Meinst du nicht, wir sollten Miriam wegen des Flugblatts ansprechen? Vielleicht hat sie ja Lust mitzumachen", sage ich scheinheilig. Ich will endlich von Kai hören, dass er auch keinen Bock auf eine Zusammenarbeit mit Miriam hat. Schließlich hat sie mit ihrem dämlichen Kichern auf Nicos Bemerkung hin eben deutlich gezeigt, auf welcher Seite sie steht!

Kai grinst. Und schon bevor er den Mund aufmacht, um mir zu antworten, bereue ich meine Frage. „Klar, frag Miriam doch einfach!"

Ich beiße mir auf die Lippen. Verdammt, ich hätte es mir denken können! Jetzt liegt der Schwarze Peter wieder bei mir.

Missmutig stapfe ich in die Pausenhalle. Und wer steht am Fuß der Treppe, als hätte sie nur auf ihren Einsatz gewartet? – Miriam! Okay, dann packe ich den Stier eben bei den Hörnern oder wie diese blöde Redewendung heißt.

„Hast du einen Moment Zeit?" Ganz bewusst bleibe ich eine Treppenstufe über Miriam stehen, sodass sie zu mir hochblicken muss.

„Worum geht's denn?", fragt sie vorsichtig.

„Na, um den Basar natürlich", sage ich ungeduldig.

Miriam zieht genervt die Luft ein. „Ach, ihr mit eurem blöden Basar …"

Das fängt ja gut an!

„Was soll das denn heißen?“, blitze ich sie an. „Der Basar ist schließlich unser gemeinsames Projekt. Und als stellvertretende Klassensprecherin könntest du wirklich etwas mehr Begeisterung und Engagement an den Tag legen! Schließlich hat sich die ganze Klasse dafür entschieden – und das schon vor den Sommerferien!“

„An dem Tag, als ihr das beschlossen habt, war ich nicht da“, entgegnet Miriam.

Boah, geht die mir auf die Nerven!

„So so, und was hättest du stattdessen vorgeschlagen? Wenn du da gewesen wärst, meine ich?“ Jetzt bin ich ja mal gespannt, was sie aus dem Hut zaubert!

Miriam zuckt mit den Achseln. „Weiß ich auch nicht genau, aber irgendwas Peppigeres eben!“ Sie scheint einen Moment zu zögern. „Ich habe mal einen Bericht gelesen über eine Schule, die Mode aus Müll hergestellt hat. Das klang echt spannend!“

„Mode aus Müll?“ Ich starre sie ungläubig an.

„Na ja.“ Miriam macht eine unbestimmte Handbewegung. „Die sammelten altes Zeug wie Dosen, Alufolie, Plastikflaschen, Zeitungspapier und so was und haben daraus Kleider gebastelt.“

Vor meinem geistigen Auge erscheint sofort eine Miriam mit einer blutroten Halskette aus halbleeren, tropfenden Ketchupflaschen und einem Minirock aus Blech. Ich muss kichern.

Miriam schaut mich wütend an. „Was gibt's denn da so blöd zu lachen? Das war ein sehr ernst zu nehmendes Recyclingprojekt!“

Recyclingprojekt. Bestimmt ist sie froh, dass ihr das Wort noch eingefallen ist!

Miriam ereifert sich richtig: „Die haben total irre Klamotten gemacht und waren mit ihrer Müllmode sogar im Fernsehen!“

Ach so, jetzt verstehe ich, das ist der springende Punkt! „Und du möchtest auch gern ins Fernsehen?“, hake ich nach. Und plötzlich fällt es mir wie Schuppen von den Augen. „Hast du dich etwa deswegen in letzter Sekunde entschlossen, dich für die Wahl aufstellen zu lassen?

Wolltest du als Klassensprecherin unseren Basar kippen und stattdessen diese komische Müllmodenschau durchsetzen?"

Miriam wird rot bis unter die Haarwurzeln. Eine klare Antwort! Aber die reicht mir nicht. Ich bohre weiter: „Jetzt möchte ich aber doch gerne wissen, warum du mich erst bekniet hast, mich für die Klassensprecherwahl aufstellen zu lassen, um dann doch selber ins Rennen zu gehen."

Miriams Verlegenheit ist schon wieder verpufft. „Na ja, als ich ein paar Sätze mit dir über den Basar gesprochen hatte, war mir klar, dass du an dieser öden Idee festhalten würdest. Da habe ich gedacht, ich lass mich lieber selber aufstellen ..."

Ich schüttle verständnislos den Kopf. „Dass du das so einfach zugibst ... Ich meine, ist dir das nicht peinlich?"

Miriam sieht mich gelangweilt an. „Nö, wieso? Ich habe nur versucht, meine Interessen durchzusetzen. Aber es hat eben nicht geklappt." Sie macht eine Kunstpause. „Dieses Mal jedenfalls nicht."

Was will sie denn jetzt damit sagen? Ist das eine Drohung oder was?

Aber Miriam redet schon weiter: „Eine solche Show hätte jedenfalls viel mehr hergemacht als so 'n blöder Basar, wie es ihn bei jedem Straßenfest gibt. Ob wir da nun ein bisschen Geld zusammenkriegen für ein paar arme Kinder am anderen Ende der Welt oder nicht. Da kräht doch kein Hahn nach!"

Ich spüre, wie eine heiße Welle der Wut in mir aufsteigt. „Wenn du damit sagen willst, dass das Fernsehen wohl nicht über unseren Basar berichten wird, hast du wahrscheinlich recht. Aber für die Straßenkinder in Rio und für die vielen Mitarbeiter von *Estrela da rua*, hier und in Brasilien, für die ist unsere Aktion durchaus wichtig! Und auf die kommt's schließlich an, oder?" Wütend schaue ich in Miriams selbstgefälliges, hübsches Gesicht. „Mensch, Miriam, dieses ganze Müllmodeprojekt gefällt dir doch nur, weil es dir Gelegenheit geben würde, deinen Luxuskörper der staunenden Menge auf irgendeinem Laufsteg zu präsentieren, oder irre ich mich?" Ich breite theatralisch die Arme aus und deklamiere im Ton einer Ansagerin: „Miriam Spahnke, die neue Heidi Klum, entdeckt auf einer Müllmodenschau! Ihr sündiges Dekolleté umrahmt von fein geringelten, braunen Apfelschalen und einem geplatzten Fahrradreifen …"

Miriams Gesicht ist wieder knallrot angelaufen. „Das ist doch der pure Neid, Kira!", zischt sie. „Bei mir bekämen die Leute wenigstens einiges zu sehen, was bei dir ja leider nicht der Falle wäre!"

Ich zucke unwillkürlich zusammen. Eins zu null für Miriam! Das hat gesessen! Miriam weiß genau, dass ich mich darüber ärgere, dass ich noch so wenig Busen habe und auch sonst alles andere als kurvig bin. Ich habe echt eine Figur wie ein Mikadostäbchen – na ja, nicht ganz, aber fast!

Blöderweise habe ich mich mal in trauter Mädchenrunde darüber ausgelassen: vor ein paar Wochen, als ich zusammen mit Miriam, Marie, Pia und einigen anderen aus meiner Klasse bei Neles Geburtstag eingeladen war. Es war einfach nett, wir haben geredet ohne Ende, jede Menge Kuchen verdrückt und irgendwann war eine so vertraute Stimmung da, dass wir uns gegenseitig erzählt haben, was wir an uns mögen und was nicht: Nele klagte über ihre „fetten Oberschenkel" und äußerte die Befürchtung, dass sie in kürzester Zeit so aussehen würde wie ihre Mutter. Genau in diesem Moment platzte besagte Mutter prompt ins Zimmer und unser Gespräch erstarb für ein paar Sekunden, weil wir alle wie gebannt auf die Beine von Neles Mutter starrten – in der Tat ziemliche Stampfer. Aber kaum war sie wieder verschwunden, ging es weiter: Miriam jammerte über ihre gesplissten Haarspitzen, Marie darüber, dass sie so ein Zwerg ist, Pia bemängelte ihre knochigen Arme und ihre schlechte Haut und ich meine Mikadofigur.

Und nachdem wir uns alle ausgejammert hatten, beruhigten wir uns gegenseitig und sagten uns, wie gut wir doch aussähen – nach dem Motto: „Ehrlich: Ich wäre heilfroh, wenn ich deine Figur, deine Haare, Haut etc. hätte …" Oder: „Wenn ich tauschen könnte: Ich würde herzlich gern meine Haare hergeben für deine tollen Beine, deinen Busen, deine Haut …" Und so weiter. Danach fühlten wir uns alle irgendwie besser, einfach bestätigt in dem, wie wir eben sind, mit all unseren Macken und Makeln.

Tja, und das ist jetzt die Quittung für meine Offenheit! Hätte ich damals doch bloß meinen Mund gehalten! Oder einfach auch irgend so ein nichtiges Problemchen aus der Tasche gezogen wie Miriam mit ihrem lächerlichen Haarspliss … Mensch, war ich blöd! Ich bin immer viel zu offen! Wenn ich mich in einer Runde wohlfühle, quassle ich lauter Sachen aus, die mir hinterher leidtun. Das passiert mir immer wieder! Ich meine, da haben es die Jungs doch besser. Die hängen zehn Stunden ununterbrochen zusammen und frau denkt, die reden über unglaublich Tiefsinniges. Dabei diskutieren sie nur die Vorteile ihrer verschiedenen SMS-Kürzel oder Spielkonsolen. Wir Mädchen dagegen vertrauen uns gegenseitig Geheimnisse an, die wir dann später aufs Butterbrot geschmiert bekommen …

Am liebsten würde ich Miriam einfach stehen lassen. Aber ich bin noch nicht mit ihr fertig! „Warum hast du vorhin eigentlich über Nicos miese Sprüche gelacht? Das fand ich unmöglich!“

Miriam sieht mich verständnislos an. „Welche Sprüche?“

Ich verdrehe die Augen. Himmel, ist die so doof oder tut sie nur so? „Na, das mit den Drogen und die Bemerkung über Oliver.“

„Ach, das meinst du!“ Miriam zuckt mit den Achseln. „Ganz einfach, weil Nico recht hat: Oliver ist ein kleines Schweinchen. Das wissen alle, die schon mal neben ihm gesessen haben. Er stinkt manchmal richtig. Hast du das noch nicht gemerkt? Wurde Zeit, dass ihm das mal einer sagt!“

„Aber doch nicht auf so eine gemeine Art und Weise!“

Miriam streicht eine ihrer langen Haarsträhnen nach hinten. „Besser als gar nicht, finde ich. Und dieser Gag mit den Drogen … Hey, das war doch nur ein dummer Spruch! So was nimmt doch keiner ernst.“

„Es war trotzdem eklig! Mir wird ganz schlecht, wenn ich solche Sprüche höre. Das ist doch … menschenverachtend!“

„Boah, Kira!“ Miriam seufzt. „Weißt du eigentlich, wie langweilig deine Moralschiene ist? Sei doch mal ein bisschen locker! Und wenn du dazu nicht imstande bist, dann gönn wenigstens anderen ihren Spaß! Ständig spielst du dich als Rächerin der Enterbten auf. Nico ist cool. Er lässt sich nicht alles gefallen und bestimmt selber, wo es langgeht. Er ist eben kein Kleinkind mehr wie die meisten anderen in unserer Klasse. Also, lass ihn in Ruhe, okay?" Schwungvoll wirft Miriam ihre Haare nach hinten und mir einen letzten, herablassenden Blick zu. Dann dreht sie ab.

Verdammt, jetzt hat sie doch das letzte Wort gehabt! Das wollte ich eigentlich vermeiden. Aber wenigstens weiß ich nun, woran ich bin, und kann sogar Kai klarmachen, dass wir Miriam in die Planungen für den Basar nicht mehr mit einbeziehen müssen. Sie hat nämlich schlicht und ergreifend keinen Bock auf die Sache. Das ist ja eben nun wirklich absolut deutlich geworden. Mir soll's recht sein …

4

„Wie läuft es denn mit dem Basar?“, fragt meine Mutter, als ich nach Hause komme.

„Geht so.“ Mehr bringe ich im Moment nicht heraus. Mama weiß doch, dass ich es nicht leiden kann, wenn sie mittags gleich mit derartigen Fragen über mich herfällt. Nach dem Geräuschpegel in der Schule, nach den Hunderten von Leuten, die den ganzen Vormittag um einen herumsirren, brauche ich immer erst mal ein paar Minuten Ruhe, bevor ich wieder reden mag. Ohne ein weiteres Wort verschwinde ich in meinem Zimmer, lasse mich aufs Bett fallen und schließe die Augen.

„In fünf Minuten ist das Essen fertig!“, ruft Mama durch die geschlossene Tür.

Ja, ja, weiß ich doch. Hoffentlich gibt es was Leckeres! Ich merke nämlich gerade, dass ich einen Bärenhunger habe. Wegen dieses blöden Gesprächs mit Miriam bin ich gar nicht mehr dazu gekommen, mein Brot und meinen Apfel zu essen. Ich schnuppere. Es duftet nach Eintopf, Gemüsesuppe oder so. Schade, Hühnersuppe wäre mir lieber!

Aber Mama und ich haben ja beschlossen, während der Woche ganz auf Fleisch zu verzichten. Nur an den Wochenenden gibt’s noch Gulasch, Schnitzel und so was. Das Ganze war sogar meine Idee. Wir hatten in der Schule nämlich eine Projektwoche zum Thema Ernährung. Die zehnten Klassen wollten mal wieder ein bisschen rumschocken und haben eine Fotoausstellung über Fleischproduktion organisiert. Das war echt supereklig! Tagelang mussten wir in den Pausen an gruseligen Bildern von Tieren in klitzekleinen Käfigen vorbeimarschieren, an Fotos von Hühnern, die sich ihre Federn ausrupfen, weil sie in ihren Legebatterien völlig durchknallen, und so weiter. Zum Glück hatte die Schulleitung wenigstens die Fotos vom Schlachthof verboten!

Mir reichte es auch so. Zwei Wochen lang habe ich überhaupt kein Fleisch mehr gegessen. Aber irgendwann hatte ich dann doch wieder ein Stück Salamipizza im Mund. Die Versuchung war einfach zu groß! Was blieb, war der gute Vorsatz, künftig weniger Fleisch zu essen. Bisher sind Mama und ich damit auch ziemlich konsequent. Papa habe ich allerdings in dringendem Verdacht, dass er sich auch weiterhin in der Kantine die fetten Braten genehmigt.

„Kiraaa! Kommst du?“

Seufzend stehe ich auf und schlurfe in die Küche. Ich warte. Gleich kommt's: Deckst du bitte den Tisch, Kira?

„Deckst du bitte den Tisch, Kira?“, fragt meine Mutter.

Und jetzt das Wasser …

„Holst du noch Wasser aus der Kammer? Die Flasche ist leer.“

Die Flasche ist jeden Mittag leer. Überhaupt ist es faszinierend, dass bestimmte Alltagsgespräche jeden Tag hundertprozentig gleich ablaufen. Rede – Gegenrede. Wahrscheinlich könnten wir uns die Hälfte unserer täglichen Gespräche sparen und trotzdem würde alles reibungslos funktionieren. Ob einem was fehlen würde? Ich bin mir nicht mal sicher.

Mama füllt unsere Teller. Ah, doch nicht Eintopf, sondern Nudeln mit Tomatensoße! Prima, das zählt immer noch zu meinen absoluten Lieblingsessen! Fragend hält mir Mama meinen Teller hin: „Reicht das oder möchtest du mehr?"

„Mehr!", sage ich, ohne richtig hingesehen zu haben.

Während Mama mir den Reibekäse zuschiebt, fragt sie: „Wie war denn nun eure Besprechung heute? Ist alles gut gelaufen?"

„War okay", nuschle ich, den Mund voll Spaghetti. Ich schlucke erst mal. „Wir haben den anderen gesagt, dass jeder zu Hause nach Flohmarktzeug fragen soll. Du weißt schon, so Sachen, die wir auf dem Basar verkaufen können."

Mama nickt. „Na, da kommt doch bestimmt einiges zusammen. Meinst du nicht auch?"

Ich zucke mit den Achseln. „Ich bin mir nicht sicher. Ich habe ein bisschen Angst, dass die Leute lauter alten Müll anschleppen, den dann keiner kaufen will. Was haben wir denn noch so auf dem Dachboden? Kommt da was infrage?"

Mama überlegt einen Moment. „Ich weiß ja nicht genau, was du brauchst. Aber ich hätte noch ein sehr schönes Rosengeschirr von Uroma Else. Das wäre vielleicht was … Das heißt, wenn sich dein Vater davon trennen kann."

„Wieso? Wenn wir es sowieso nicht mehr nehmen, ist es doch egal, ob es auf dem Dachboden verstaubt oder wir es verkaufen."

Mama lächelt. „Ja, aber so weiß Papa, dass es noch da ist."

Ich schüttle den Kopf. Erwachsene sind manchmal echt komisch! Ich bin mir absolut sicher, dass ich mich später von Sachen, die ich nicht mehr benutze, problemlos trennen kann. Ich brauche bestimmt kein olles Geschirr, um mich an irgendwelche Menschen oder Ereignisse zu erinnern.

Plötzlich fällt mir ein, welches Geschirr Mama meint. Es ist wirklich wunderschön! Die Rosen sehen ganz echt aus. „Warum benutzen wir das Rosengeschirr eigentlich nicht mehr?", frage ich.

„Weil man es nicht in die Spülmaschine stellen kann", erklärt Mama. „Die schönen Farben würden nach und nach verblassen."

Klar, das sehe ich ein. Aber verkaufen könnten wir es bestimmt! „Sprich doch mal mit Papa", bitte ich. „Vielleicht gibt er es ja doch her. Ist schließlich für eine gute Sache!"

Mama lächelt. „In Ordnung, ich werde es versuchen. Was braucht ihr denn noch für den Basar?"

Ich überlege. „Wie ist es denn mit Klamotten? Hast du vielleicht noch ein paar Kleider oder Schlaghosen oder so?"

Mama zögert. „Das wäre schon möglich. Ich hatte mal ein ganz tolles Kleid mit einem riesigen, bunten Pop-Art-Muster. Das müsste noch irgendwo im Schrank sein."

„Echt? Das wäre super!" Plötzlich bin ich richtig aufgeregt. „Kannst du gleich nach dem Essen mal nachschauen? Ich bringe dafür auch die Küche in Ordnung!"

Meine Mutter sieht mich überrascht an. Zugegeben, solche Angebote haben bei mir eher Seltenheitswert. Dann nickt sie. „Gut, ich sehe gleich mal, ob ich das Kleid finde. Aber ich kann dir nichts versprechen. Ich habe es seit Urzeiten nicht mehr angehabt!" Mama häuft sich noch eine Portion Nudeln auf den Teller und gibt reichlich Soße darüber. Genau wie ich kann sie jede Menge essen, ohne dick zu werden. Sie hat auch so eine

Mikadofigur. Na ja, ein bisschen mehr Busen vielleicht. Und ihre Haut an Armen und Beinen ist natürlich nicht mehr so straff wie bei mir, obwohl sie viel Fahrrad fährt und sich regelmäßig eincremt und so. Aber ich finde, meine Mutter sieht eigentlich noch ziemlich gut aus. Also, wenn ich mit ihr unterwegs bin und wir irgendwelche Leute aus meiner Klasse treffen, ist mir das nie peinlich oder so. Es sei denn, Mama ruft mich „Mäusezahn", so, wie sie das vor einem Jahr mal in einer obercoolen Boutique gemacht hat – quer durch den Laden! Ich bin fast im Boden versunken!

„Mäusezahn", das war Mamas Kosename für mich, als ich noch klein war. Und in ganz seltenen Momenten, wenn ich weine oder supertraurig bin, nennt mich Mama manchmal noch so. Aber als ihr das damals in dieser schicken Boutique herausgerutscht ist, hätte ich sie glatt umbringen können! Die Verkäuferinnen in diesen Läden sind sowieso immer schon so schweinearrogant. Die gucken einen an, als wäre man eine potenzielle Ladendiebin oder jemand, der aus purer Bosheit mit klebrigen Schokoladenfingern ihre edlen Fetzen betatscht. Jedenfalls habe ich diese Boutique danach nie wieder betreten!

Nach dem Mittagessen holt Mama die Leiter aus der Kammer und beginnt, die oberen Fächer ihres Kleiderschranks zu durchwühlen. Hoffentlich findet sie das Kleid! Ich räume inzwischen die Küche auf, wobei ich tapfer der Versuchung widerstehe, den klebrigen Tomatensoßentopf zu „vergessen".

Als es endlich geschafft ist, schlendere ich ins Schlafzimmer hinüber, strecke mich auf dem breiten Bett meiner Eltern aus und sehe Mama beim Suchen zu.

„Es müsste sogar noch Fotos geben, auf denen ich das Kleid anhabe." Meine Mutter überlegt einen Moment. „Warte mal, das müsste irgendwann Mitte der Achtziger gewesen sein."

„Damals hattest du Geld, um dir so ein modisches Teil zu kaufen? Ich meine, das war doch bestimmt teuer, oder nicht?"

„Allerdings, es war sündhaft teuer!" Mama lacht. „Aber ich wollte es unbedingt haben! Du weißt ja langsam, wie so was ist … Ich habe damals in einer Kneipe gejobbt und mir von meinem ersten Lohn das Kleid gekauft."

„Du hast mal in einer Kneipe gejobbt?", frage ich ungläubig. Irgendwie kann ich mir meine zurückhaltende Mutter, die in Gesellschaft nie ein Wort zu viel sagt, beim besten Willen nicht als Kellnerin in einer Kneipe vorstellen.

Meine Mutter nickt. „Doch, das habe ich sogar eine ganze Weile gemacht, bis ich dann nach Köln gezogen bin. Das Kleid, für das ich so schwer geschuftet hatte, habe ich dann übrigens kaum getragen. Es war für die Uni einfach nicht lässig genug. Da waren eher Turnschuhe und Schlabberjeans angesagt. Deswegen müsste das Kleid auch noch völlig in Ordnung sein, kein bisschen abgetragen. Warte mal, ich glaube, da hinten …" Plötzlich zieht meine Mutter ein buntes Stück Stoff hervor. Sie strahlt. „Da ist es! Ich wusste doch, dass ich es nicht weggeworfen habe!"

Mama steigt von der Leiter herunter und rollt das Stoffbündel auseinander. Das Kleid sieht echt aus wie neu! Es ist ganz schlicht geschnitten, schmal und schnörkellos wie ein überlanges T-Shirt. Aber der seidig glänzende Stoff ist einfach irre: lauter strahlende Türkis-, Blau- und Lilatöne, zu einem großen Muster miteinander verwoben.

In null Komma nichts bin ich aus Jeans und Shirt geschlüpft, um das Kleid anzuprobieren. Es riecht ein bisschen nach Schrank und Mottenschutz, als ich es über den Kopf ziehe. Egal! Gespannt sehe ich in den Spiegel, drehe mich hin und her. Klar, das Kleid ist mir noch ein bisschen zu weit und an den Ärmeln zu lang. Aber in ein oder zwei Jahren passt es bestimmt perfekt! Oder Mama macht es mir ein bisschen enger. Dann könnte ich es jetzt schon tragen! Natürlich nur zu besonderen Anlässen. Für die Schule wäre ich damit eindeutig overdressed.

„Gefällt es dir?“, fragt Mama.

„Es ist einfach toll!“, antworte ich begeistert. „Ich bin gespannt, was Marie dazu sagt!“

Mama lächelt. „Ich bin sicher, dass ihr das Kleid auf dem Basar gut verkaufen könnt. Das bringt bestimmt einiges ein.“

Verdattert sehe ich Mama an. Oje, in meiner Begeisterung habe ich total vergessen, dass ich Mama ja gebeten hatte, das Kleid herauszusuchen, damit wir es auf dem Basar verkaufen können! Wenn ich es jetzt einfach für mich behalte, nehmen wir weniger Geld für *Estrela da rua* ein. Das kann ich doch nicht machen, oder? Nein! Ich werfe meinem Spiegelbild einen letzten sehnsüchtigen Blick zu, dann ziehe ich das Kleid wieder aus und gebe es meiner Mutter zurück. „Kannst du es noch waschen?"

Meine Mutter nickt. „Ja, sicher." Dann sagt sie leise: „Würdest du es gerne für dich behalten, Kira? Das ist allein deine Entscheidung. Ich rede dir da nicht rein."

Ich schüttle energisch den Kopf. „Nein, nein, lass mal! Ich möchte, dass wir beim Basar so viel Geld wie möglich zusammenbekommen." Ich schlucke. Warum ist es nur so verdammt schwer, edel und großzügig zu sein?

Meine Mutter steigt noch einmal auf die Leiter, um die Schrankfächer, die sie nach dem Kleid durchwühlt hat, wieder aufzuräumen. „Wer weiß, vielleicht werden ja so viele Sachen für den Basar gespendet, dass du das Kleid doch behalten kannst …"

„Glaub ich nicht", entgegne ich. „Es sei denn, Oliver fragt noch seine Tante nach geeigneten Klamotten. Aber das ist höchst unwahrscheinlich." Jetzt erzähle ich Mama doch noch die ganze Geschichte von dem Kleiderverleih von Olivers Tante und von Nicos fieser Bemerkung, die Olivers Vorschlag zunichte gemacht hat. „Dieser Nico ist so ein Schwein!", ereifere ich mich. „Er macht alles kaputt, er …"

„Ach, lass ihn doch", unterbricht mich meine Mutter. „Solche Typen wie Nico gibt es in jeder Klasse."

„Trotzdem wird es wohl noch erlaubt sein, sich darüber aufzuregen!", sage ich empört. „Ich hab's einfach satt: Ständig wollen mir alle Leute erzählen, wie schwer es

Nico hat und dass man ihn sowieso nicht ändern kann. Das geht mir total auf den Geist!“ Meine Stimme ist immer lauter geworden.

Mama mustert mich erstaunt. „Aber so habe ich das doch gar nicht gesagt! Wieso regst du dich denn derartig auf, Kira?“

Ich schnappe nach Luft. „Ach, weil es mich nervt, dass anscheinend jeder denkt, dass man ein solches Verhalten einfach hinnehmen muss und …“

„Wer ist denn *jeder*?“, hakt Mama nach.

„Na ja, Kai und diese blöde Miriam und du jetzt auch noch! Ihr fallt mir alle in den Rücken!“ Irgendwo in meinem Hinterkopf merke ich selbst, dass ich ungerecht bin, aber ich habe einfach die Nase voll.

Meine Mutter überlegt einen Moment. „Warte mal, wenn ich dich richtig verstanden habe, geht es im Moment doch gar nicht um Nico. Sondern darum, diesen Oliver wieder zu motivieren, sich für den Basar einzusetzen, oder? Damit er seine Tante doch noch anruft.“

Verständnislos sehe ich meine Mutter an. „Ja, schon, aber …“

„Na ja, du könntest ihn einfach stärker in eure Vorbereitungen einbeziehen. Es gibt doch in den nächsten Wochen genug zu tun! Marie und einige andere aus deiner Klasse helfen dir ja sicher auch. Also, überleg dir einfach, was dieser Oliver machen könnte!“ Meine Mutter sieht mich triumphierend an. „So kannst du zwei Fliegen mit einer Klappe schlagen: Oliver nimmt dir Arbeit ab und fühlt sich gleichzeitig mitverantwortlich für das Gelingen des Basars. Sicher fragt er seine Tante dann doch noch nach den Sachen.“

Sofort fällt mir das Flugblatt ein, das ich heute Nachmittag schreiben wollte. Ob ich Oliver anrufe und frage, ob er Lust hat mitzumachen? Aber wenn ich ehrlich bin, behagt mir die Vorstellung, Seite an Seite mit Oliver einen Nachmittag zu verbringen, auch nicht gerade! Irgendwie erinnert mich Oliver immer an diese schmuddelige Peanuts-Figur. Ich weiß nicht, wie der Typ heißt, aber wenn er auftaucht, zieht er immer eine Staubwolke hinter sich her. Im Comic ist das echt lustig, aber in Wirklichkeit? Na ja … In dem Punkt hatte Nico leider recht: Oliver riecht. Und überhaupt: So viel hatte ich bisher einfach nicht mit ihm zu tun. Wir sind alles andere als befreundet oder so.

Auf der anderen Seite ist Mamas Vorschlag nicht schlecht. Ich bin mir ziemlich sicher, dass Oliver sich freuen würde, wenn ich ihn um Hilfe bitte. Oje, jetzt soll ich also zum zweiten Mal an diesem Tag ein Opfer für *Estrela da rua* bringen … Entschlossen stehe ich auf. Okay, ich mache es: Ich rufe Oliver an. Vielleicht hat er ja gar keine Zeit … Ich seufze. Bestimmt hat er Zeit! Oliver sieht nicht so aus, als hätte er eine spannende Verabredung nach der anderen. Wahrscheinlich hängt er jeden Nachmittag einsam vor dem Computer herum, bis er viereckige Augen kriegt.

Schon nach dem ersten Klingeln ist Oliver am Apparat. Und er ist natürlich völlig überrascht, als ich ihn frage, ob er vorbeikommen will, um mir bei dem Flugblatt zu helfen. Schließlich haben wir außerhalb der Schule noch nie was zusammen gemacht. Ich fasse es nicht: Oliver lässt sich sogar ein bisschen bitten! Damit habe ich nun überhaupt nicht gerechnet! Wenn ich ehrlich bin, habe ich ehrfürchtige Dankbarkeit oder so was in der Richtung erwartet. Schließlich könnte ich meinen Nachmittag wahrhaftig angenehmer gestalten. Ach, ich bin gemein! Aber schließlich verspricht Oliver doch, in einer halben Stunde bei mir auf der Matte zu stehen.

Seufzend lege ich den Hörer auf, um ihn gleich wieder hochzunehmen. Dieses schnuckelige Date mit Oliver ertrage ich nicht ohne Marie! Es wird Zeit, dass sie auch mal ein Opfer für den Basar bringt, finde ich. Und ich habe Glück: Marie fällt so schnell keine Ausrede ein – ich kenne ihre Termine nämlich ziemlich genau und weiß, dass sie heute nichts Besonderes vorhat.

Marie kommt als Erste und knufft mich in die Seite. „Dafür habe ich bei dir was gut, Kira! Ein Nachmittag neben Fettköpfchen, du mutest mir einiges zu!"

Ich grinse. „Alles für die gute Sache, Mariechen!"

Kaum läuft der Computer, klingelt es auch schon.

Marie kichert. „Nase zu und durch!"

Schwungvoll öffne ich die Tür. Da steht Oliver und lächelt unsicher. „Hallo, Kira!"

„Komm rein!" Irritiert gehe ich vor Oliver her ins Arbeitszimmer. Irre ich mich oder trägt er wirklich ein sauberes T-Shirt? Und seine Haare sehen auch frisch gewaschen aus. Marie und ich werfen uns über Olivers Kopf hinweg verwunderte Blicke zu. Anscheinend hat Nicos Bemerkung – so gemein sie auch war – bei Oliver eine Art Einsicht bewirkt. War ihm denn wirklich nie klar, wie unangenehm sein ungepflegtes Äußeres für andere ist? Kaum zu glauben! Ich dachte bisher, es sei ihm einfach total egal.

Na ja, Olivers unerwartete Wandlung zu Meister Proper erleichtert die Zusammenarbeit jedenfalls enorm. Ich verteile eine Runde Kekse und dann legen wir los.

Wie ich erwartet hatte, ist Oliver am Computer echt fit. Deswegen übernimmt er das Tippen. Fast zwei Stunden formulieren wir an den paar Sätzen herum. Wir geben uns mächtig Mühe. Denn Flugblätter sind heikel: Wenn die nicht sofort im Papierkorb landen sollen, muss der Text schon knackig und ansprechend sein.

Achtung! Achtung! Achtung! Achtung! Achtung!

Wichtige Info an alle SchülerInnen und LehrerInnen
der Sophie-Scholl-Schule!

Während der Jubiläumsfeier veranstalten wir (die Klasse 7b) einen Basar zugunsten der Organisation „Estrela da rua" – das ist eine Hilfsorganisation für brasilianische Straßenkinder.

Hierfür brauchen wir dringend noch Spenden!

Neben gut erhaltenem „Trödel" (Porzellan, Spiegel, Bilder, Bücher, Dekosachen, Kleidung etc.) suchen wir noch schöne (!) kunsthandwerkliche Arbeiten, die sich für den Verkauf eignen.

Zum Beispiel:

- Getöpfertes
- Holz- und Schnitzarbeiten (z. B. Kinderspielzeug)
- Gefilztes (z. B. Ansteckblumen, kleine Taschen)
- selbst gefertigten Schmuck aller Art

Wer Rückfragen hat und/oder etwas spenden möchte, wendet sich bitte schnellstmöglich (!!) an die Klasse 7b.

BITTE HELFT UNS HELFEN!!!

Vielen Dank!

Kira Kastner, Kai Wittmann, Marie Rauh, Oliver Jacobsen

„So!“ Oliver speichert den Text ab, baut noch einen schönen Rahmen darum und druckt ihn dann aus.

Zufrieden betrachten wir unser Werk.

„Gehen wir den Wisch jetzt noch eben kopieren?“, fragt Oliver.

„Nö.“ Ich schüttle den Kopf. „Das übernimmt Kai morgen in der Schule.“

„Und wir sollen die Flugblätter dann verteilen?“, erkundigt sich Marie ängstlich. Die Vorstellung, in fremde Klassen zu marschieren und auf unseren Basar hinzuweisen, ist für Marie wahrscheinlich ähnlich verlockend wie ein Striptease auf offener Straße.

Ich muss schmunzeln. „Nein, das übernehmen Kai und ich, wenn es euch recht ist.“

„Einverstanden.“ Oliver ist offensichtlich auch nicht allzu scharf darauf, öffentliche Reden zu schwingen.

„Wie sieht's eigentlich aus?", wende ich mich an Marie. „Habt ihr zu Hause noch Sachen, die sich für den Basar eignen?"

„Ich glaube eher nicht." Marie versucht ein schiefes Grinsen. „Wenn man meine Mutter hört, hat Papa damals ja alles, was einigermaßen brauchbar war, mitgenommen, und uns mit zwei Plastiktellern in einer leeren Wohnung zurückgelassen." Sie seufzt. „Ich kann ihn ja nächstes Wochenende fragen, ob er noch irgendwelchen Krimskrams hat."

Ich hatte Maries Besuch bei ihrem Vater ganz vergessen. „Stimmt, das passt doch prima! Am besten wühlst du gleich seinen Keller durch und sackst alles ein, was nicht niet- und nagelfest ist!"

Marie lacht. „Wenn ich Zeit habe, gern. Aber du weißt ja, die Überraschung …"

Jetzt schaltet sich Oliver ein. „Was denn für eine Überraschung?"

Marie erzählt ihm schnell von der unverhofften Einladung ihres Vaters.

„Und du hast immer noch keine Ahnung, was er mit dir vorhat?", frage ich neugierig.

Marie schüttelt strahlend den Kopf. „Nö, ich lass mich überraschen! Das ist doch viel besser! Ich bin schon ganz aufgeregt!"

Oliver schaut Marie neidisch an. In seinem Leben gibt es bestimmt nicht allzu viele Überraschungen. Ich überlege, ob das eine günstige Gelegenheit ist, Oliver noch mal an Tantchens Klamottenrestbestände zu erinnern. Nein, ich warte lieber noch ein bisschen. Das sieht sonst zu berechnend aus.

Ich bringe Oliver zur Tür. „War toll, dass du extra gekommen bist! Ohne dich hätten wir das Flugblatt bestimmt nicht so gut hingekriegt. Danke!"

Oliver wird ein bisschen rot. „Hab ich gern gemacht, Kira. Also, wenn ihr mal wieder so was habt … Also, ich meine, du kannst mich immer anrufen, okay?"

„Mach ich, danke noch mal!"

Langsam schlendere ich zu Marie zurück. War eigentlich richtig nett mit Oliver. Wer hätte das gedacht?

5

Nur Kai hat natürlich an unserem genialen Flugblatt etwas auszusetzen. „Ihr hättet ein bisschen genauer erklären müssen, was *Estrela da rua* eigentlich ist", mäkelt er. „So kapiert das doch keiner!"

Ich blitze ihn an. „Hey, das ist kein Infoblatt über die Arbeit von *Estrela*, sondern ein Spendenaufruf für unseren Basar! Das ist nun mal ein Unterschied. Und wenn dir nicht passt, was wir verzapft haben, dann musst du dich nächstes Mal eben selber hinsetzen, anstatt den Nachmittag mit deinen perlenfädelnden Mädels zu verbringen."

Kai schaut mich verblüfft an. „Woher weißt du, dass wir gestern ein Treffen hatten?"

Ich zucke mit den Schultern. „Pure weibliche Eingebung. Wie sieht's überhaupt aus? Wollen deine Fädelfreundinnen uns nicht vielleicht ein paar ihrer selbst gemachten Schmuckstücke für den Basar spenden?"

Kai nickt. „Ich habe sie schon gefragt. Wir bekommen mehrere Ketten und Armbänder."

„Prima! Und denk bitte daran, sie zu fragen, wie viel Geld wir dafür nehmen können, ja? Ich habe von so was keine Ahnung."

Kai macht sich eine entsprechende Notiz in seinem Heft. „In Ordnung. Ich habe übrigens Herrn Mommsen, den Werklehrer, angesprochen. Der ist echt okay! Die Oberstufe hat im letzten Halbjahr bei ihm Marionetten gebastelt. Herr Mommsen hat mir einige der Figuren gezeigt. Ganz toll, die könnten wir bestimmt verkaufen! Er hat mir versprochen rumzufragen, wer seine Puppe für den Basar zur Verfügung stellen würde."

„Da würde ich mir aber nicht allzu viele Hoffnungen machen“, sage ich zweifelnd. „So eine Marionette behält man doch für sich und zeigt sie stolz herum.“

Kai schüttelt den Kopf. „Glaube ich nicht! Das Ganze war doch schon vor einigen Monaten. Inzwischen verstauben die meisten der Puppen sicherlich zu Hause in irgendwelchen Kisten. Ich denke schon, dass wir ein paar zusammenbekommen.“ Kai steht auf. „Ich gehe jetzt das Flugblatt kopieren. Dann können wir es nach der Pause als Erstes in unserer Klasse verteilen, okay?“

Ich nicke grimmig. „Wird sicher lustig.“

Kai versetzt mir einen leichten Knuff. „Sei nicht immer so negativ, Kira! Bisher läuft doch alles bestens, oder etwa nicht?“

Eigentlich hat er ja recht. Bisher schon.

Nach der großen Pause bemühen wir uns, als Erste wieder in der Klasse zu sein, um die Flugblätter auf den Tischen zu verteilen.

„Oh! Unsere kleinen Klassensprecher waren ja richtig fleißig!“ Sirupsüß quillt Simons Stimme durch den Raum. „Die Aktion Gutmensch schreitet voran! Da freuen wir uns aber alle, was, Nico?“

Als hätte er nur auf ein Stichwort gewartet, um gleichfalls loszuätzen, liest Nico breit grinsend die Namen auf dem Flugblatt vor: „Mal sehen: Wer ist denn alles dabei? Ah, *Kira Kastner, Kai Wittmann, Marie Rauh* und – na so was – *Oliver Jacobsen*? Das Schmuddelkind darf auch mitmachen!“

Simon und Nico feixen. Einige in der Klasse kichern unsicher.

Ich werfe Oliver einen schnellen Blick zu. Der starrt angestrengt in irgendein Buch und tut so, als hätte er Nicos Worte gar nicht gehört.

Aus den Augenwinkeln sehe ich, dass sich Nico und Simon ein paar unserer Flugblätter schnappen und sie zu kleinen Papierfliegern falten. Verdammt, jetzt reicht es mir aber!

Ich springe auf und drehe mich zu Nico um. Ich will ihm irgendetwas entgegenschleudern, damit er endlich seine Schnauze hält! Jetzt ... gleich tue ich's! Aber was sage ich denn? Ja, ich sage ...

In diesem Moment geht die Tür auf und Frau Walter erscheint. Sie ignoriert die durch die Luft segelnden Papierflieger und packt ihre Unterlagen aus. „Da eure Stimmung ja anscheinend bestens ist, will ich das gleich nutzen: Nehmt bitte eure Hefte raus: Wir schreiben einen kleinen Mathetest! Mal sehen, was aus dem letzten Jahr bei euch hängen geblieben ist." Frau Walter scheint das allgemeine Stöhnen und Aufseufzen gar nicht zu hören, ungerührt geht sie durch die Klasse und verteilt die Aufgabenzettel.

Vor Nicos Tisch bleibt sie so lange stehen, bis er nicht anders kann, als zu ihr hochzublicken. Sie lächelt. „Ich hoffe, Nico, dass du den Unterrichtsstoff ebenso gut beherrschst wie das Falten von Papier, sonst fliegen hier im nächsten Jahr nämlich nicht nur Flugblätter ... Was ich persönlich natürlich sehr bedauern würde."

Wieder kichern einige. Diesmal über Nico. Der senkt den Kopf und murmelt irgendwas Unverständliches. Ich habe Mühe, mir ein zufriedenes Grinsen zu verkneifen. Zugegeben: pure Schadenfreude! Aber was soll's?

Ich werfe einen Blick zu Kai hinüber. Wie sieht der denn die Sache? Klar, hätte ich mir ja denken können: Kai guckt natürlich mal wieder kritisch-besorgt in die Gegend, anstatt sich zu freuen, dass Nico endlich mal eins auf die Nase bekommen hat! Ich seufze. Ich verstehe den Typ einfach nicht …

Und dann haben wir plötzlich alle Hände voll zu tun. Auf unser Flugblatt hin kommen in den Pausen Dutzende von Schülern angetrabt, um uns zu fragen, ob wir dieses oder jenes für den Basar brauchen können. Leider sind die Beschreibungen der angebotenen Sachen oft so nebulös, dass wir die meisten bitten müssen, sie uns einfach vorbeizubringen. Aber wohin anschließend mit dem ganzen Zeug? Wir müssen es ja bis zum Jubiläumswochenende irgendwo lagern!

Während wir noch hin und her überlegen, kommt doch tatsächlich Herr Greve, der Hausmeister, vorbei und bietet uns freiwillig einen kleinen, aber trockenen Kellerraum für unsere Sachen an. Das gibt's doch gar nicht!

Ungläubig sehen wir uns an. „Ist Herr Greve krank, oder was? Der stellt sich doch sonst schon an, wenn er einem mal eine Plastiktüte geben soll …"

„Ich verstehe das auch nicht", sagt Marie verwundert. „Und woher wusste der Hausmeister überhaupt, dass wir einen Raum brauchen? Habt ihr ihn etwa gefragt?"

„Quatsch!", antworte ich. „Ich wäre gar nicht auf den Gedanken gekommen, dass er uns hilft. Warum also erst fragen?"

Marie zuckt mit den Achseln. „Vielleicht hat Frau Hoffmann ja mit ihm gesprochen?"

Dr. Beate Hoffmann – auf ihren Titel legt sie gesteigerten Wert – ist die Leiterin unserer Schule. Eine ziemlich arrogante Schnepfe, wir kriegen sie nicht allzu oft zu sehen.

Ich schüttle den Kopf. „Unsinn, so weit hängt die sich doch gar nicht rein in die einzelnen Projekte!"

Kai grinst. „Anscheinend haben wir uns in dem guten Herrn Greve getäuscht. Er hat doch ein Herz für Kinder – für die in der Sophie-Scholl-Schule und für die in Brasilien! Was lernen wir daraus? Gebt jedem eine zweite Chance und ihr werdet … Hey, Kira, was ist denn?"

„Ich habe gerade so eine dumpfe Ahnung, woher Herrn Greves plötzliche Wandlung kommt." Ich runzle die Stirn. „Ich hoffe allerdings sehr, dass ich mich irre!"

„Nun tu doch nicht so geheimnisvoll, Kira!", meckert Marie. „Sag schon, was du meinst!"

„Nein, erst wenn ich sicher bin." Vielleicht irre ich mich ja … Hoffentlich!

Kaum hat mein Vater an diesem Abend die Tür hinter sich geschlossen, baue ich mich schon vor ihm auf. „Ich muss mit dir reden!"

Mein Vater schiebt mich sanft zur Seite. „Nun lass mich doch bitte erst mal aus diesen Klamotten rauskommen, Kira! So viel Zeit wird die Sache doch haben, oder?"

„Eigentlich nicht." Ich folge ihm ins Schlafzimmer. Noch ist meine Stimme ganz ruhig. „Sag mal, Papa, irre ich mich oder kennst du den Ehemann unserer lieben Schulleiterin?"

Mein Vater wirft mir einen schnellen Blick zu. „Du meinst Paul Hoffmann, nicht wahr? Ja, du weißt doch, dass ich hin und wieder geschäftlich mit ihm zu tun habe." Mein Vater nickt anerkennend. „Ein sympathischer Kerl und pfiffig dazu! Der hat gleich die richtigen Aktien gekauft, damals, als noch kein anderer …"

„Papa, hast du vielleicht diesen pfiffigen Paul Hoffmann angerufen und ihn gebeten, dafür zu sorgen, dass deine kleine Tochter, die Klassensprecherin der 7b, einen Abstellraum in der Schule seiner Frau bekommt?" Ich richte mich zu meiner vollen Größe auf und bemühe mich, meinem Vater in die Augen zu schauen. „Hast du das wirklich gemacht, Papa?"

Mein Vater lacht unsicher. „Na prima, dann hat es ja geklappt! Mensch, Kleines, ich wollte dir doch nur helfen! Du hast mir letztens von eurem Problem erzählt, die vielen Sachen bis zum Jubiläum unterzubringen, und da habe ich gedacht …"

„… da hast du gedacht, du mischst dich da mal eben ein und managst die Sache selber, einfach über meinen Kopf hinweg!", rufe ich empört.

„Aber Kira, ich verstehe gar nicht, was du mir vorwirfst. Ich habe es doch nur gut gemeint! Ich wollte euch ein Problem aus dem Weg räumen." Mein Vater sieht mich an, als hätte ich nicht alle Tassen im Schrank.

„Ich will mir meine Probleme aber selber aus dem Weg räumen!", schleudere ich ihm entgegen. „Jedenfalls will ich es wenigstens versuchen, verstehst du das nicht? Mensch, Papa, du hättest mich vorher fragen müssen! Du kannst doch nicht einfach so handeln, als … als … als wäre ich gar nicht da!"

Mein Vater schüttelt den Kopf. „Ich weiß wirklich nicht, worüber du dich so aufregst, Kira", sagt er verärgert. „Ich unterstütze eure Arbeit für diesen Basar und du tust fast so, als hätte ich ein Menschenleben auf dem Gewissen."

Ich lasse mich aufs Bett fallen und stütze den Kopf in die Hände. „Du hättest mich vorher fragen müssen!", beharre ich.

„Mein Gott, Kira!" Mein Vater verschränkt ungeduldig die Arme vor der Brust. „Ich habe auch noch andere Sachen zu tun! Ich hatte Paul Hoffmann zufällig am Telefon. Wir haben kurz über unsere Töchter gesprochen und da habe ich ihn eben gefragt, ob er bei seiner Frau nicht mal ein gutes Wort einlegen kann wegen eines Raums für eure Basarsachen. Das war alles!"

„Und als Gegenleistung darf Herrn Hoffmanns nette Tochter dann irgendwann ein Praktikum in deiner aufstrebenden PR-Abteilung machen, oder was?", ätze ich.

„Na und? Was wäre so schlimm daran?" Mein Vater runzelt die Stirn. „Eine Hand wäscht die andere. So ist das nun mal! Was zählt, ist doch das Ergebnis: Ihr habt den Raum bekommen, den ihr braucht. Alles andere kann dir doch gleichgültig sein."

„Ist es aber nicht!" Ich lasse meinen Vater stehen und stürze aus dem Zimmer. Himmel, er versteht noch nicht mal, worüber ich mich so aufrege! Er sieht es nicht ein. Kein bisschen! Das ist doch echt nicht zu glauben! So was wird mir mit meinen Kindern – sollte ich je welche haben – nie passieren! Nie. Nie. Nie.

Die großen Pausen verbringen Kai und ich jetzt in unserem kleinen Kellerraum, um die Sachen durchzusehen, die die anderen Tag für Tag anschleppen. Wir führen über jeden Gegenstand genau Buch, damit wir das, was nicht verkauft wird, später wieder zurückgeben können. Die Vorbereitungen für den Basar machen viel mehr Arbeit, als ich gedacht habe. Aber irgendwie ist es auch ein tolles Gefühl, so ein Ding allein auf die Beine zu stellen! Na ja, fast allein … bis auf die unerwünschte Einmischung meines Vaters.

Heute steckt Christoph, der Schulsprecher, seinen Kopf zur Tür herein. „Dürfen wir mal reinschauen?"

Ich sehe neugierig auf. Wer sind denn *wir*?

Oh nein! Hinter Christoph schiebt sich Miriam in unseren kleinen Raum. Verdammt, was will die denn hier? Ich wusste gar nicht, dass Christoph sie näher kennt. Aber wahrscheinlich kennt er jede Frau an unserer Schule, die einigermaßen gut aussieht. Es ist allgemein bekannt, dass Christoph „kein Kostverächter" ist.

Anerkennend sieht sich Christoph um. „Hey, ihr habt ja echt schon eine Menge Zeug zusammen für euren Basar!"

Kai grinst. „Hoffentlich verkaufen wir auch gut und bleiben nicht auf dem ganzen Krempel sitzen."

„Wird schon klappen." Christoph zwinkert mir zu. „Ich habe gehört, dass es dir zu verdanken ist, dass der Hausmeister diesen Raum hier zur Verfügung gestellt hat."

Verdammt! Woher weiß er das nun schon wieder? Wahrscheinlich von der Direktorin selbst. Ich nicke unsicher. „Na ja, ich … also …"

Aber Christoph redet schon weiter. „Ist doch prima, wenn man die richtigen Leute kennt! Vielleicht können wir deinen Vater ja öfter mal bitten, sich für unsere Belange einzusetzen. Ein guter Draht zu unserer strengen Frau Dr. Hoffmann ist echt Gold wert!“

Ich sacke in mich zusammen. Wunderbar, jetzt weiß also auch Miriam, dass Kiras Papilein seiner Kleinen Schützenhilfe geleistet hat. Dann wird es ja nicht lange dauern, bis es die ganze Klasse erfährt. Prima! Am liebsten würde ich einen Grippeanfall vortäuschen und für heute nach Hause gehen.

Miriam hat die ganze Zeit kein Wort gesagt und stand nur wichtig in der Gegend herum, aber ich bin sicher, dass sie die Information gut abgespeichert hat.

Kaum sind die beiden zur Tür hinaus, sieht Kai mich fragend an. „Stimmt das? Ich meine, hat dein Vater wirklich dafür gesorgt, dass wir den Raum hier kriegen?“

Ich nicke. „Ja, leider! Ich wollte es dir schon erzählen, aber ich bin irgendwie nicht dazu gekommen, weil …“

Kai zuckt mit den Achseln. „Ist schon okay. Ich bin ja heilfroh, dass wir die Sachen hier unterbringen konnten. Du nicht?“

„Geht so …“

Kai blickt in mein grimmiges Gesicht und lächelt. „Das muss dir doch nicht peinlich sein.“

Ich ziehe die Nase hoch. „Ist es aber! Verstehst du das nicht?“

„Na ja, ein bisschen schon“, gibt Kai zu.

Gut, dass er wenigstens ehrlich ist.

„Komm, es wird sicher gleich klingeln. Wir müssen wieder hoch.“

Wir schließen die Tür hinter uns ab und gehen hinauf zu unserem Klassenraum. Ich bin froh, dass Kai nicht weiter nachhakt und ganz genau wissen will, wie es zu der Sache mit dem Kellerraum gekommen ist. Ich mag einfach nicht darüber sprechen.

Aber mir bleibt keine Wahl. Kaum sehe ich Nicos hämisches Grinsen, als er sich hinter Simon ins Klassenzimmer schiebt, ist mir klar, dass Miriam ihre Info bereits weitergeleitet hat.

Nico verliert keine Zeit: „Ach, Kira, ist es nicht schön, wenn Papi einem das Leben regelt? Da muss man sich selber nicht mehr so anstrengen, nicht wahr? Ein Wort von Papis kleinem Liebling – und mit einem Wisch sind die Probleme weg!“

Wie üblich hat Nico überlaut gesprochen, sodass die anderen nach und nach verstummen. Alle hören interessiert Nico zu. Und der ist noch nicht fertig. Er kichert. „Mensch, Kira, wenn das mit dem Raum für den Basar so gut geklappt hat, dann hat Papi ja im letzten Schuljahr vielleicht auch dafür gesorgt, dass deine Mathenoten ein bisschen besser geworden sind! Das richtige Wort zur richtigen Zeit …“

Ich bin aufgesprungen, mir ist plötzlich heiß, wahrscheinlich bin ich knallrot im Gesicht. „Hör auf!“, zische ich. „Du weißt genau, dass das Unsinn ist!“

Nico sieht mir direkt in die Augen. „Tatsächlich? Ach komm, Kira, nun erzähl uns doch mal: Wie hat Papi …?“

Eine Woge der Wut steigt in mir auf. Eine viel zu lange aufgestaute Wut! Ich schnappe nach Luft. In meinem Kopf platzt eine kleine Bombe. Und dann schießen die Worte wie von selbst aus meinem Mund. Laut und schnell und schneidend: „Du bist so ein mieses Schwein, Nico Hammer! Aber das ist nicht alles, du bist dazu auch noch strohdumm! Ständig redest du Mist und machst andere fertig, weil du im Grunde ein feiger Wurm bist! Du hast ja nicht mal die Versetzung geschafft! Also, wieso spielst du dich auf? Jeder hier weiß, dass du wahr-

scheinlich auch dieses Jahr sitzenbleiben wirst, weil du es einfach nicht packst. Dein Hirn ist nämlich nicht halb so groß wie deine Klappe!" Ich lache verächtlich. „Ich weiß echt nicht, worauf du dir was einbildest! Darauf, dass du älter bist als wir alle? Dass du mit fünfzehn Jahren noch in der siebten Klasse herumhängst und vielleicht nicht mal einen Hauptschulabschluss kriegst? Wahrscheinlich! Dabei ist das einfach nur peinlich! Aber du bist ja echt so blöd, dass du noch nicht mal kapierst, was sich ändern lässt und was nicht: Wir, Nico, werden älter, aber du bleibst immer dumm, so alt du auch wirst! Das ist der entscheidende Punkt. Kapier das endlich und halt deine feige, dreckige Klappe!“

In der Klasse ist es vollkommen still. Alle starren mich an. Mein Blick ist noch immer auf Nico gerichtet. Sein Gesicht ist weiß. Er presst die Lippen zusammen. Aber seine Mundwinkel zittern trotzdem. Holt er jetzt zum Gegenschlag aus? Überlegt er sich neue Gemeinheiten, mit denen er mich fertigmachen kann? Nein, er steht auf und kommt langsam auf mich zu. Eine Sekunde lang fürchte ich, dass er mir eine knallt. Aber Nico geht an mir vorbei, ohne mich auch nur zu berühren. Wortlos. Krachend fällt die Tür hinter ihm ins Schloss.

Ich sinke auf meinen Stuhl. Im Theater würde jetzt der Vorhang fallen und das Publikum applaudieren. Bravo! Was für eine dramatische Vorstellung!

Ich fühle mich unendlich erschöpft. Merke kaum, dass Mr Simpson, der Englischlehrer, in der Tür steht und sich verwundert umsieht. „Nanu, so ruhig bei euch heute?“

Die Stunde fließt irgendwie an mir vorbei. Marie legt hin und wieder ihre Hand auf meinen Arm. Aber ich sehe kein einziges Mal zu ihr hinüber, weiß genau, dass ich dann sofort anfangen würde zu heulen. Ich versuche, mich an die Worte zu erinnern, die ich Nico entgegengeschleudert habe. Das war knallhart – ohne Zweifel! Was wird jetzt passieren? Wird überhaupt irgendetwas passieren?

Nach Schulschluss greife ich mir meinen Rucksack und renne als Erste die Treppe hinunter. Bloß keine Diskussionen, keine Auseinandersetzungen. Ich will nur weg! Noch im Laufen krame ich meinen Fahrradschlüssel heraus. Aber als ich bei den Fahrradständern ankomme, wartet Kai schon auf mich. Verdammt, kann der fliegen? Wie hat er das denn geschafft? Am liebsten würde ich einfach an ihm vorbeirennen.

Aber Kai packt mich am Arm, sodass ich ihn ansehen muss. Mensch, der ist ja richtig aufgeregt! „Bist du verrückt, Kira? Nico derartig bloßzustellen vor der gesamten Klasse! Das war total bescheuert!"

Sofort ist meine Wut wieder da, flammt auf, als habe jemand Benzin darauf gegossen. Ich blitze Kai an. „Verdammt, ich habe mich gewehrt! Seit wann ist das verboten? Was hätte ich denn sonst tun sollen? Kannst du mir das sagen? Sollte ich brav abwarten, bis er mich das nächste Mal fertigmacht, oder was?"

Kai schüttelt den Kopf. „So meine ich das nicht! Natürlich musstest du dich wehren! Aber mit Argumenten und Fakten und nicht mit … mit … mit derartigen Gemeinheiten! Mensch, Kira, wir sind Klassensprecher! Das heißt zwar nicht, dass wir besser oder verständnisvoller sein müssen als andere. Aber wir sind doch irgendwie mitverantwortlich für die Stimmung in der Klasse, oder?" Kai beißt sich auf die Lippen. „Ich bin auch schuld! Wahrscheinlich hätten wir uns Hilfe holen müssen, von Frau Walter oder von unserem Vertrauenslehrer."

„Von Jörg Lebert?" Ich lache bitter. „Von diesem Weichei? Was hätte der denn gemacht? Der hätte uns doch auch nur einen Vortrag darüber gehalten, dass wir Verständnis für Nicos *spezielle Situation* haben müssen und so weiter und so fort. Und obendrein hätten wahrscheinlich über kurz oder lang alle erfahren, dass wir um Hilfe gebettelt haben, weil wir uns überfordert fühlten. Wie

Kleinkinder. Nein, das musste ich jetzt alleine regeln. Ich hatte keine andere Wahl!"

„Man hat immer eine Wahl", sagt Kai in diesem überlegenen Ton, der mich echt zum Wahnsinn treibt. Verdammt, in welchem Roman hat er denn diesen bescheuerten Satz gelesen? „Mensch, Kira, du hast Nico an seinem empfindlichsten Punkt getroffen und gnadenlos draufgehauen! Der fühlt sich doch sowieso schon als Versager und jetzt ist alles noch schlimmer! Das, was du da gesagt hast, das passt gar nicht zu dir. Du ..."

„So, tatsächlich?" Ich verschränke die Arme vor der Brust. „Weißt du was? Es ist mir schrottegal, ob das zu mir passt oder nicht! Ich habe mich gewehrt. Irgendwer musste Nico doch in seine Schranken weisen. Von euch tut's ja keiner! Du sowieso nicht. Du bist ja so verdammt verständnisvoll! Vielleicht hast du aber auch einfach nur Angst und traust dich nicht, dich Nico in den Weg zu stellen. Ja, vielleicht ist deine ewige Friedlich-bleiben-um-jeden-Preis-Tour nichts als pure Feigheit! Ich weiß es nicht, ist mir auch egal! Ich bereue jedenfalls nichts von dem, was ich gesagt habe. Hörst du? Kein einziges Wort!"

Endlich habe ich mein Fahrrad aufgeschlossen. Ohne Kai eines weiteren Blickes zu würdigen, schiebe ich es an ihm vorbei über den Hof. Wie eine Irre trete ich dann in die Pedale. Die kühle Luft auf meiner Stirn und die mechanische Bewegung meiner Beine tun mir gut. Am liebsten würde ich immer so weiterfahren, meine Wut und Anspannung in die Pedale trampeln und alle roten Ampeln in den Wind schießen.

Kais Gelaber hat mir echt den Rest gegeben. Wirklich, das fehlte mir gerade noch! Wie er mich zur Alleinschuldigen abgestempelt hat – echt dreist! Dabei weiß ich natürlich selbst, dass mein Verhalten Nico gegenüber alles andere als klug war. Das hätte mir nicht passieren dürfen. Nicht so. Nicht mit diesen Worten. Und schon gar nicht vor der ganzen Klasse!

Aber das konnte ich vor Kai eben einfach nicht zugeben. Wieso hat er mich nicht wenigstens ein bisschen bemitleidet? Wieso hat er so wenig Verständnis für meine Situation gezeigt? Schließlich hat Nico mich doch zuerst angegriffen. Mit diesen fiesen Unterstellungen. Und wer hat mir beigestanden? Keiner! Natürlich!

Von Marie hatte ich ja gar keine Hilfe erwartet. Ich weiß ganz genau, dass sie es einfach nicht schafft, sich in einer solchen Situation heroisch dazwischenzuwerfen und plötzlich alle Aufmerksamkeit auf sich zu ziehen. Ich nehme es ihr nicht übel, dass sie nichts gesagt hat. – Wirklich nicht? Wenigstens zu mir selbst kann ich ehrlich sein: Vielleicht ein ganz klitzekleines bisschen …

Wenn Marie ihre Schüchternheit nur dieses eine Mal überwunden hätte, um mir beizustehen, das wäre echt schön gewesen! Aber das gibt es eben nur im Film. Da mutieren verschreckte Mäuse über Nacht zu großen Heldinnen. Und graugesichtige Sekretärinnen nehmen ihre Brille ab, ziehen die Haarnadeln heraus und sehen plötzlich aus wie Marilyn Monroe. Ich seufze. Im richtigen Leben gibt es so was eben nicht.

Aber hätte Kai nicht eingreifen können? Ich meine, wenn er Nico frühzeitig gestoppt hätte, wäre es doch gar nicht zu meiner unkontrollierten Hasstirade gekommen! Aber vielleicht hätte ich mich auch bevormundet gefühlt, wenn Kai sich plötzlich eingeschaltet hätte. Wahrscheinlich hätte ich es sogar als Zeichen dafür betrachtet, dass er es mir nicht zutraut, mit einer schwierigen Situation allein fertigzuwerden, oder? Ach, ich weiß es nicht! Hinterher ist man immer schlauer. Meistens jedenfalls. Heute nicht.

6

Als nachmittags das Telefon klingelt, bin ich sicher, dass es Marie ist, die vorbeikommen will, um mit mir über das heutige Drama zu reden. Aber ich irre mich, es ist Oliver! Wie üblich faselt er ein bisschen herum, bis er zum Punkt kommt. Mich macht das ganz nervös. Ich fühle mich heute beim besten Willen nicht mehr imstande, Entwicklungshelferin für den verschüchterten Oliver zu spielen.

Endlich rückt er mit der Sprache heraus: „Ich wollte dir nur sagen, Kira … Ich meine, ich fand das toll, wie du Nico heute die Meinung gesagt hast!" Oliver schluckt. „Er hat es wirklich verdient, finde ich."

Irgendwie tut mir Olivers gestammelte Beifallskundgebung gut. Ich giere geradezu nach weiterer Bestätigung. „Findest du wirklich?", bohre ich. „Meinst du nicht, dass ich zu weit gegangen bin?"

Oliver überlegt einen Moment. „Na ja, ich weiß nicht genau, ich glaube aber nicht."

Ich seufze. So sicher scheint er sich ja doch nicht zu sein.

„… wollte dir nur sagen, dass mit meiner Tante alles klargeht …"

Wie war das eben? Ich habe Oliver überhaupt nicht richtig zugehört. „Sorry, was ist mit deiner Tante?", hake ich nach.

„Na ja, ich habe gerade meine Tante angerufen. Die mit dem Kostümverleih, du weißt schon. Und sie hat tatsächlich noch ein paar Kleider und Federboas und so. Die würde sie uns stiften! Für den Basar, meine ich."

Wenigstens ein Licht am Horizont. „Das ist ja echt nett von ihr. Toll, dass du deine Tante noch angerufen hast, Oliver! Da hatte ich irgendwie gar nicht mehr mit gerechnet."

Oliver schweigt einen Moment. „Ich wollte es auch eigentlich nicht mehr machen. Aber nach dem, was heute war … Na ja, ich habe gedacht, du kannst wahrscheinlich eine kleine Aufmunterung gebrauchen, Kira."

„Das … d-das stimmt schon irgendwie." Verdammt, kommen mir etwa die Tränen? Ausgerechnet jetzt – bei einem Telefonat mit Oliver Jacobsen? „Du, ich muss Schluss machen. Meine Mutter will telefonieren, okay?", sage ich schnell. „Tschüss, bis Montag dann." Schnell lege ich den Hörer auf. Ich will nicht, dass Oliver merkt, dass ich jetzt richtig heule. Er hält mich für so stark und selbstsicher, für all das, was er vermutlich selbst gerne wäre. Ich will sein Bild von mir nicht ins Wanken bringen. Obwohl das ja eigentlich ganz egal ist. Aber ich bin eben so. Mir ist so was wichtig!

Später kommt dann tatsächlich Marie vorbei. Ihr Blick ist vorwurfsvoll. „Warum bist du denn vorhin so schnell abgehauen, Kira? Ich dachte, dass du wenigstens an unserer Ecke auf mich wartest!"

Ich lasse mich auf meine Couch fallen. „Ehrlich gesagt, da habe ich gar nicht dran gedacht. Ich wollte einfach nur weg."

„Verstehe ich ja." Marie schaut mich an. „Und, wie fühlst du dich jetzt? Ich meine, bereust du deinen Ausbruch?"

Ich zucke mit den Achseln. „Ich weiß nicht, es ist eben passiert. Wenn ich ehrlich bin, habe ich hauptsächlich Angst vor dem, was jetzt kommt."

„Du meinst von Nico?"

Ich nicke. „Ja, wie ich ihn kenne, wird er doch jetzt alles dransetzen, mich fertigzumachen. Meinst du nicht?"

Marie überlegt. „Vielleicht lässt er dich auch in Ruhe. Er hatte sich ja in letzter Zeit richtig auf dich eingeschossen. Jetzt hast du gezeigt, dass du dir nicht alles gefallen lässt." Marie grinst vor sich hin. „Hey, du hast echt ein paar Dinger losgelassen … Das hätte ich mich nie getraut!"

Das weiß ich selbst. „Meinst du, ich war unfair?", hake ich nach. Vielleicht bestätigt mir ja wenigstens Marie, dass ich genau das Richtige gesagt habe, dass ich eigentlich gar nicht anders handeln konnte oder so.

Aber den Gefallen tut sie mir nicht. „Na ja, besonders vorsichtig warst du nicht gerade", meint Marie. „Du hast eben die richtige Kerbe getroffen. Das hast du ja selber gemerkt. Und alle anderen auch. Und das fuchst Nico im Nachhinein bestimmt am meisten: Du hattest das letzte Wort und er ist rausgeschlichen wie ein geprügelter Hund. Mensch, der hat ja fast geheult!"

Ich seufze. Maries Worte beruhigen mich nicht gerade. Plötzlich fällt mir etwas ein: „Wieso bist du eigentlich noch hier? Wolltest du nicht dieses Wochenende zu deinem Vater?"

Marie zupft an ihrem Pulloverärmel herum. „Habe ich dir das noch gar nicht erzählt? Mein lieber Papa hat angerufen und gesagt, dass ihm leider, leider etwas dazwischengekommen ist. Wir haben unser Treffen aufs nächste Wochenende verlegt."

„Ach, Marie!" Ich gehe zu ihr hinüber und lege ihr den Arm um die Schultern. Ich weiß, es ist scheußlich, aber ich bin wider Willen froh, dass da noch jemand ist, der heute nicht gerade seinen Glückstag hat. „Bist du sehr traurig?"

Marie nickt. „Traurig schon und auch enttäuscht, aber nicht sehr überrascht, verstehst du?"

Natürlich verstehe ich. Ihr Vater hat sie schon so oft enttäuscht, dass es fast zur Normalität geworden ist.

Marie dreht eine ihrer dicken Locken um ihren Finger. „Das Schlimmste ist natürlich, dass meine Mutter das Ganze prompt zum Anlass nimmt, mal wieder ordentlich über Papa herzuziehen. Sie hat sofort ein Dutzend Geschichten ausgekramt, bei denen er sich angeblich ganz genauso verhalten hat. Weißt du, Mama tut immer so, als wäre ich irgendwie selber schuld, weil ich noch an Papa hänge, obwohl er uns doch verlassen hat …"

Ich lächle Marie aufmunternd an. „Vielleicht wird es ja nächstes Wochenende dafür doppelt schön, hm?"

Marie schluckt. „Ja, vielleicht …"

Merkwürdigerweise behält Marie mit ihrer Voraussage recht: In den nächsten Tagen verhält sich Nico erstaunlich ruhig. Er zeigt sich weder mir noch anderen gegenüber besonders aggressiv und macht kaum noch fiese Sprüche. Ist das nun ein plötzlicher Sinneswandel oder die Ruhe vor dem Sturm? Ich kann es nicht einschätzen. Eine Weile warte ich ständig auf eine Racheaktion, stehe total unter Anspannung. Aber irgendwann nehme ich die Situation einfach so, wie sie ist, und bin froh, dass das Thema für den Moment erledigt zu sein scheint.

Es gibt genug anderes zu tun: Jetzt sind es schließlich nur noch knapp zwei Wochen bis zum Schuljubiläum!

Kai und ich haben das Basarprojekt im Schülerrat vorgestellt und viel Anerkennung geerntet. Ich glaube, die anderen Klassen machen sich bei Weitem nicht so viel Arbeit wie wir. Sogar Frau Hoffmann kam einmal in unser Kellerverlies geschneit, um zu sehen, was wir alles für den Basar zusammengetragen haben. Ich bin echt stolz darauf, und Kai auch, glaube ich.

Unser Kellerraum hat inzwischen richtigen „Session-Charakter" bekommen. Immer mehr Leute aus unserer Klasse tummeln sich in den Pausen hier unten und helfen mehr oder minder eifrig beim Aussortieren und Putzen der Sachen. Denn natürlich ist nicht alles, was uns gebracht wird, in Ordnung. Porzellan, Gläser, Dekosachen … wir müssen fast alles noch mal spülen oder polieren. Wir stauben Bücher ab, lüften Kleidungsstücke aus und bürsten sie ab.

Seltsamerweise hat mich keiner mehr auf meinen Ausbruch Nico gegenüber angesprochen. Ich weiß auch nicht genau, warum. Vielleicht haben die anderen Angst, Partei zu ergreifen, sich voreilig auf eine Seite zu schlagen. Es könnte ja die sein, die sich später als Verliererseite entpuppt … Keine Ahnung. Ich verdränge die ganze Geschichte und es gelingt mir erstaunlich gut.

Gerade schleppt Oliver einen ganzen Sack voller Klamotten an. „Hier, seht das mal durch! Das sind die Sachen von meiner Tante!"

Marie, Pia und ich ziehen ein Stück nach dem anderen aus dem Sack und sind echt geplättet: Ein schwarzes Paillettenjäckchen, drei Kleider aus Samt und Satin, bedruckte Schals, mehrere Hüte und ein echter Smoking … Am liebsten würde ich alles gleich mal anprobieren, aber dafür reicht die Zeit nicht. Mamas Pop-Art-Kleid hängt auch schon hier. Frisch gewaschen und gebügelt. Hin und wieder werfe ich einen sehnsüchtigen Blick darauf. Aber gleichzeitig bin ich stolz, dass ich es geschafft habe, auf das Kleid zu verzichten. Hoffentlich bringt es auch den Preis, den wir ihm verpasst haben!

Überhaupt: Was soll was kosten? Das ist ständig die schwierigste Frage. Wir haben alle Spender gebeten, uns Tipps für die Preise zu geben, und in einigen Zweifelsfällen haben wir Lehrer um Rat gefragt. Aber natürlich soll auf unserem Basar auch gehandelt werden. Das gehört schließlich dazu!

„Was ist nun eigentlich mit dem Perlenschmuck von deinen *Estrela*-Schwestern?", frage ich Kai, als die anderen bereits zurück in die Klasse gegangen sind. „Kommt der noch an Land?"

Ich habe Kai in letzter Zeit bestimmt schon dreimal auf den Schmuck angesprochen. Aber er hat immer nur irgendwas Unverständliches gemurmelt. Vielleicht haben die Mädels ihr Angebot ja zurückgenommen? Dann soll Kai es mir aber wenigstens sagen. Wir haben nämlich noch nicht so viel Selbstgemachtes im Angebot. Die Töpferwaren, die uns die Fünftklässler gebracht haben, waren einfach nur unterirdisch. Die hätte echt kein Mensch gekauft! Aber es war natürlich ziemlich schwierig, den Zwergen beizubringen, dass ihre Becher und Schalen nicht schön genug sind, um verkauft zu werden. Echt, das war heikel! Glücklicherweise hat Pia angeboten, mit ihnen zu sprechen. Und sie hat es geschafft, dass die Kleinen, ohne zu murren, mit ihrem Zeug wieder abgezogen sind.

Die zehnten Klassen haben ein paar selbst geschnitzte Tiere gestiftet. Und einige wirklich schöne Marionetten haben wir auch bekommen! Eine AG aus der Oberstufe hat uns noch gefilzte Taschen versprochen. Aber auf die warten wir schon seit Tagen, genau wie auf diesen blöden Perlenschmuck!

Kai blickt von seinem Heft auf, in dem er alle Eingänge fein säuberlich notiert. „Ich habe Sarah gestern noch eine SMS geschickt wegen der Ketten. Aber sie hat noch nicht reagiert."

„Sind deine Freundinnen öfter so unzuverlässig?" Es macht mir immer wieder Spaß, Kai ein bisschen zu piesacken.

„Quatsch!" Kai pfeffert sein Heft auf den provisorischen Schreibtisch, den wir uns aus Wasserkisten gebaut haben. „Die beiden haben zurzeit nur echt viel zu tun."

„Wir etwa nicht?“, frage ich.

„Doch, natürlich.“ Kai verschränkt die Arme hinter dem Kopf. Seine Haare stehen mal wieder in alle Richtungen ab. „Aber Sarah und Jenny bereiten im Moment einen *Estrela*-Infostand für das große Kinderfest vor.“

„Du meinst dieses Fest auf dem Marktplatz? Am Wochenende?“

Kai nickt. „Genau das.“

„Merkwürdig.“ Ich schüttle verwundert den Kopf. „Ist das denn der richtige … na ja, der richtige Rahmen für euch? Auf diesen Festen geht's doch immer nur um Fun, Fun, Fun: Eis, Hüpfburg und Luftballons für die Kleinen. Popcorn, Kletterwand, Crêpes und Fußball für die Größeren. Alles schön laut und lustig!“

„Stimmt schon“, sagt Kai, „aber unser Infostand wird eben darauf hinweisen, dass es eine Menge Kinder gibt, die nicht so satt und sorglos aufwachsen wie wir hier. Es werden wahrscheinlich auch noch Infostände anderer Hilfsorganisationen da sein, von Amnesty International, von UNICEF und einigen kleineren.“

Er hat mich überzeugt. „Das finde ich gut! Die Leute, die zu solchen Festen kommen, kann man bestimmt für eure Arbeit begeistern! Die haben doch selber Kinder und können sich vorstellen, wie das ist, wenn …“

Kai unterbricht mich. „Nee, da liegst du falsch! Manchmal fühlen die sich eher gestört. Die meisten Leute wollen auf solchen Festen einfach ihren Spaß haben. Fotos von hungernden, obdachlosen Kindern schrecken viele ab. Weil so was ein schlechtes Gewissen macht und darauf können viele gut und gerne verzichten.“

„Ich finde die Idee trotzdem super!“, beharre ich.

Kai grinst. „Ich ja auch. Wir wollten sogar noch weitergehen …"

„Und wie?" Ich bin neugierig geworden.

„Na ja, wir hatten uns so eine Aktion überlegt … für Freitagmittag, wenn der Bürgermeister das Kinderfest offiziell eröffnet."

„Was denn genau?" Mann, macht der das spannend!

Kai fährt sich mit der Hand durch sein widerborstiges Haar. „Die Leute reagieren nun mal stärker, wenn sie sich das Leben eines Straßenkinds richtig vorstellen können, verstehst du? Wenn sie nicht nur darüber lesen oder sich Fotos aus Brasilien anschauen, sondern wenn wir all das spielen und nachstellen …"

„Nachstellen?"

„Ja!" Kai nickt. „Wir hatten die Idee, den Alltag von Straßenkindern in Rio richtig darzustellen … und zwar möglichst realistisch: Kinder auf der Straße liegend, ein Karton als Schlafplatz. Kinder, die sich Spielzeug aus Müll bauen. Kinder, die sich selbst irgendwelche Waffen basteln, um das bisschen, was sie haben, verteidigen zu können. Kinder, die Schusterleim schnüffeln, um ihren Alltag halbwegs ertragen zu können. Die von überall vertrieben oder sogar gejagt werden …" Kai hat sich richtig in Rage geredet. „Und dazu Zahlen und Fakten über die Kinderarmut in Brasilien."

„Das wollt ihr selber darstellen? So wie Schauspieler in einem Theaterstück?"

„Ja, wie findest du die Idee?"

„Gut, ich meine …" Ich suche nach den richtigen Worten. „Also, ich stelle mir das sehr schwierig vor und … ja, beklemmend! Aber eine solche Aktion bringt bestimmt jede Menge Aufmerksamkeit für *Estrela da rua*. Die Leute würden drüber reden, vielleicht würden sogar die Medien darüber berichten!“ Nanu! Hat da eben etwa die Tochter des PR-Managers gesprochen? Egal.

Kai scheint sich über meine Begeisterung zu freuen. Doch dann winkt er ab. „Wir hätten das auch echt gern gemacht, aber es wird nichts daraus …“

„Warum denn nicht?“

Kai zuckt mit den Achseln. „Wir haben nicht genug Kinder und Jugendliche im richtigen Alter bei *Estrela*. Es ist schon wichtig, dass das Ganze auch tatsächlich von Jugendlichen dargestellt wird. Das wirkt sonst albern und unglaubwürdig, verstehst du?“

Klar verstehe ich. Und dann habe ich eine Idee: „Und wenn wir mitmachen? Ich meine, wir, unsere Klasse! Das würde doch vom Alter her passen, oder nicht?“

Kai überlegt, dann nickt er langsam. „Ja, schon, aber …“

Ich falle ihm ungeduldig ins Wort. „Wir könnten damit doch gleichzeitig Werbung für unseren Basar machen: An diesem Wochenende die *Estrela*-Aktion auf dem Marktplatz und nächste Woche dann unser Basar in der Schule. So was merken sich die Leute! Vielleicht können wir ja dadurch beim Basar noch mehr Geld einnehmen!“

Die Idee gefällt mir immer besser. Aber ob wir genug Leute für die Marktplatzaktion zusammenkriegen? So ein Auftritt ist ja echt nicht jedermanns Sache. Da gehört schon ein bisschen Mut und Überwindung dazu. Aber im Moment ist die allgemeine Begeisterung für den Basar groß. Die meisten in der Klasse haben inzwischen irgendeinen Beitrag dafür geleistet. So viel Unterstützung hatte ich ehrlich gesagt gar nicht erwartet. Ich glaube schon, dass viele bereit wären, sich an der Marktplatzaktion zu beteiligen. Außer Nico, Simon, Miriam, Cem und Co natürlich. Andererseits … Ich grinse vor mich hin. Wahrscheinlich würde sogar Miriam mitmachen, weil ihr ein derartiger Auftritt die Möglichkeit gäbe, mit Foto in die Zeitung zu kommen. Und Typen wie Cem könnte man damit kriegen, dass die Aktion eine Art revolutionäre Tat wäre.

Was mein Vater zu einem derartigen Auftritt sagen würde, will ich mir lieber erst gar nicht vorstellen. Ich bin sicher, er wäre entsetzt! Gar nicht daran denken! Schnell schiebe ich den Gedanken weg.

In meinem Bauch spüre ich ein leichtes Kribbeln. „Also, was spricht dagegen, das Ganze mit unserer Klasse zu machen?“, frage ich Kai.

Er zuckt mit den Achseln. „Im Grunde gar nichts, aber es gibt einen Haken.“

„Und der wäre?“

Kai grinst. „Die Eröffnung des Fests ist Freitagmittag, zwölf Uhr. Und zu der Zeit haben wir noch Schule: Mathe bei unserer guten Frau Walter!“

„Ach, verdammt!“ Ich fange an, in unserem kleinen Raum auf und ab zu gehen.

Kai sieht mich an. „Wir könnten natürlich einfach abhauen.“

Abrupt bleibe ich stehen. „Du meinst, wir alle? Die ganze Klasse soll einfach gehen? Wie stellst du dir das denn vor?“

„Natürlich nicht mitten im Unterricht. Wir müssten um halb zwölf weg sein, in der Pause – und das möglichst unauffällig.“

„Unauffällig? Mit neunundzwanzig Leuten …“ Ich schüttle den Kopf. „Wie soll das denn gehen? Außerdem gäbe das hinterher einen Höllenärger!“

„Aber es wäre für eine gute Sache, Kira!“ Kai schwingt sich auf unseren Schreibtisch und lässt die Beine baumeln. „Außerdem: Wenn wir alle dabei wären, können sie doch nicht viel machen, außer uns hinterher eine Predigt halten oder den Schulhof fegen lassen oder irgend so was Bescheuertes.“ Kai verschränkt die Arme. „Das wäre es mir wert, dir nicht?“

Ich bin unsicher. „Und wenn sie zur Strafe den Basar abblasen?“

„Das würden sie nicht machen. Schließlich geht es dabei nicht nur um uns. Ich glaube, die meisten Lehrer finden es ganz toll, was wir bisher so auf die Beine gestellt haben.“ Kai grinst. „Das haben sie unserem schlaffen, egoistischen Haufen nämlich nicht zugetraut!“

Ich überlege, suche nach anderen Wegen. „Und wenn wir es ganz offiziell angehen würden? Wenn wir Frau Walter einfach fragen, ob wir den Unterricht ausfallen lassen können, um zum Marktplatz zu gehen?“

„Du glaubst doch nicht im Ernst, dass sie sich darauf einlassen würde“, entgegnet Kai. „Freiwillig verzichtet die doch auf keine Minute ihrer wertvollen Unterrichtszeit.“

Natürlich hat Kai absolut recht. Da gibt’s keine Chance. „Also okay“, sage ich entschlossen. „Ich würde es machen!“ Wahnsinn, habe ich das eben wirklich gesagt? „Wann sprechen wir mit den anderen?“

Kai überlegt. „So schnell wie möglich, am besten gleich nachher – und mit unseren Leuten von *Estrela* muss ich natürlich auch noch reden.“

Das stimmt, wir haben schließlich nicht mehr viel Zeit! Bis Freitag sind es nur noch ein paar Tage. Und die Aktion muss ja auch gut vorbereitet werden. Ich will keine peinliche Vorstellung liefern!

7

Die Klasse ist ganz schön von den Socken, als Kai unsere Idee mit der *Estrela*-Marktplatzaktion vorstellt. Noch während er spricht, hagelt es Zwischenrufe und Pfiffe. Es brodelt richtig. Spannung liegt in der Luft!

Maries Augen sind ganz rund vor Angst. „Das packe ich nicht, Kira! Echt, so eine Aktion ist nichts für mich! Ich kann mich nicht mit traurigen Augen in so eine Pappkiste setzen und von allen anstarren lassen."

„Das musst du doch auch gar nicht, Marie", beruhige ich sie. „Bei der Vorstellung selber kann sowieso nicht die ganze Klasse mitmachen. Es bleibt genug anderes zu tun!"

„Dann ist ja gut." Marie atmet auf. „Dann bin ich natürlich dabei! Aber bis zum Nachmittag sind wir mit der Aktion durch, oder? Du weißt ja, gegen drei holt mich mein Vater fürs Wochenende ab."

„Klar, das Ganze dauert bestimmt höchstens eine Stunde."

„Ich frage mich, was die ganze Aktion eigentlich bringen soll", ruft Cem dazwischen. „Das ist doch reines Kasperletheater!"

„Quatsch", sagt Kai. „Es macht die Leute aufmerksam auf die Situation der Straßenkinder in Rio. Und wer aufmerksam wird, spendet vielleicht Geld oder engagiert sich sonst irgendwie."

„Und wenn wir einfach Flugblätter verteilen?", fragt Nele. „So können wir die Leute doch auch informieren."

Ich schalte mich dazwischen. „Flugblätter verteilt heute jeder! Wir müssen etwas Besonderes machen, etwas, das nachwirkt! Worüber sich die Leute Gedanken machen und reden …"

„Wie viele von uns müssten denn mitmachen?", erkundigt sich Ben.

Kai zuckt mit den Achseln. „Bei der Aktion selber vielleicht zehn oder zwölf, mehr nicht. Aber die anderen können bei den Vorbereitungen helfen und am Freitag dann eben Handzettel und Infomaterial verteilen." Kai grinst. „Schließlich ist so eine spontane Theateraktion nicht jedermanns Sache."

„Allerdings", bekräftige ich mit einem kurzen Seitenblick auf Miriam. „Da gehört schon ein bisschen schauspielerisches Talent zu und das hat natürlich nicht jeder hier …"

Ob Miriam den Köder schluckt? – Tatsächlich!

„Also, ich würde mir das schon zutrauen", wirft sie lässig in die Runde. „Ich kriege das locker hin!"

Kai nickt ihr anerkennend zu. „Super, Miriam! Wer ist noch dabei?"

Ich warte. Wenn Miriam mitmacht, wird ihr Fanclub doch sicher auch geschlossen antreten. Alles nur eine Frage der Zeit.

Na bitte, da melden sich schon Nadine und Fatma: „Wir würden auch mitmachen!"

Jetzt heben auch Ben und Pia die Arme. „Wir auch!" Pia grinst. „Ob ich das hinkriege, weiß ich nicht. Aber ich wäre bereit, es zu probieren. Wenn ich mich lächerlich mache, müsst ihr mich eben rechtzeitig rausschmeißen."

Aus den Augenwinkeln schiele ich immer wieder zu Nico und Simon hinüber. Ich erwarte jeden Moment, dass sie versuchen, das Ganze hier aufzumischen und die gute Stimmung, den Zusammenhalt der Klasse mit einem Schlag kaputt zu machen. Es muss Nico doch ein Dorn im Auge sein, dass wir für unsere „alberne Gutmenschaktion" inzwischen so viel Unterstützung bekommen, dass die Klasse anscheinend geschlossen hinter uns steht. Aber Nico und Simon mischen sich nicht ein. Gelangweilt wippen sie auf ihren Stühlen hin und her, beobachten nur.

Nachdem sich noch einige andere gemeldet haben, die bereit sind, Straßenkinder zu mimen, machen wir eine Schlussabstimmung. Das ist wichtig, denn es ist völlig klar, dass wir das Ganze vergessen können, wenn sich auch nur einer in der Klasse rigoros gegen die Aktion sperrt.

Kai hebt die Arme. „Seid bitte noch mal einen Moment ruhig! Um unseren Plan durchführen zu können, müssen wir uns wirklich einig sein. Also bitte: Ist irgendjemand nicht bereit, am Freitagmittag in der zweiten großen Pause hier abzuhauen?"

Einen Moment bleibt es still, aber dann meldet sich Nina, eine der Jüngsten in der Klasse. „Ich weiß ehrlich gesagt nicht, ob ich mich traue, bei der Aktion mitzumachen. Meine Eltern … na ja, die sind in diesen Dingen nicht so einfach. Wenn die das mitkriegen … das wäre nicht so toll! Aber ich würde mit euch zusammen rausgehen."

Cem dreht sich zu Nina um. „Mensch, nun sei nicht so eine Memme!“, fährt er sie an. „Mach deinen Alten mal ein bisschen Druck! Da müssen die sich dran gewöhnen!“

Natürlich sieht Nina gleich noch verschreckter aus als sonst. Prima, übernimmt Cem jetzt hier den Part von Nico oder was? Das wird ja immer schöner! Aber ich will nicht aufbrausen. Das darf mir nicht noch mal passieren!

„Lass Nina in Ruhe“, sage ich so ruhig wie möglich zu Cem. „Das ist allein ihre Sache und ich finde es gut, dass sie ehrlich ist.“

Kai nickt zustimmend. „Wir wollen keinen Druck ausüben und niemanden zwingen. Wer unbedingt will, kann auch hier in der Schule bleiben. Aber ihr müsstet euch verpflichten, über unsere Aktion absolutes Stillschweigen zu bewahren. Das wäre Bedingung. Sind damit alle einverstanden?“

Jetzt nicken alle. Wieder sehe ich zu Nico und Simon. Die beiden schauen gelangweilt aus dem Fenster, reden leise miteinander. Aber sie stellen sich nicht gegen unser Projekt. Trauen sie sich vielleicht nicht? Jetzt, wo auch noch Cem und Miriam übergelaufen sind und bei der Aktion mitmachen … Oder habe ich mich vielleicht doch in den beiden getäuscht? Wäre ja zu schön, um wahr zu sein!

Gleich am nächsten Nachmittag verabreden wir uns im Büro von *Estrela da rua*, um unsere Aktion vorzubereiten. Mehr als zwanzig Leute drängen sich in dem engen Hinterzimmer, hocken zu zweit auf Stühlen und Kisten oder einfach auf dem Boden. Außer uns sind noch einige *Estrela*-Leute da. Auch Sarah und Jenny, Kais „Perlenmädels". Sie leiten die Besprechung. Neugierig mustere ich die beiden. Sie sind sicher drei oder vier Jahre älter als wir und wirken ungeheuer selbstsicher. Vor allem Sarah scheint es überhaupt nichts auszumachen, hier vor zwanzig Leuten zu reden. Temperamentvoll wirft sie ihr Henna gefärbtes Haar hin und her und gestikuliert beim Reden mit Händen und Füßen. So ähnlich wie ich es selbst auch immer mache, aber bei Sarah wirkt es irgendwie viel souveräner als bei mir. Die andere, Jenny, ist blond und ein bisschen blass, mehr so der stille Typ, aber nett. Sie verteilt Mineralwasser und Tee und stellt eine große Schale mit Obst und Keksen in die Mitte. Alle greifen zu, als hätten sie seit Tagen nichts gegessen. Die allgemeine Aufregung macht anscheinend hungrig.

Während wir die Kekse vertilgen, erzählt Sarah, dass die *Estrela*-Aktion, die am Freitag stattfinden soll, vor einiger Zeit bereits in zwei anderen Städten gelaufen ist. „Beide Male war die Wirkung ganz toll!", berichtet Sarah mit leuchtenden Augen. „Die Leute sind stehen geblieben und haben gebannt zugeschaut. Handzettel und Plakate wurden uns förmlich aus den Fingern gerissen und überall entbrannten heftige Diskussionen. Die Presseleute haben den Bürgermeister einfach links liegen lassen und stattdessen uns interviewt. Und am nächsten Tag wurde in zwei Tageszeitungen und im Lokalradio über die Arbeit von *Estrela da rua* berichtet. Danach gingen jede Menge Spenden ein, die für eine Kindertagesstätte in Rio verwendet werden konnten." Sarah blickt aufmunternd in die Runde. „Ihr seht also, dass sich der Einsatz echt gelohnt hat. Und wir finden es prima, dass ihr uns bei dieser Aktion am Freitag helfen wollt! Wer weiß, vielleicht hat ja der eine oder andere von euch auch später Lust, bei *Estrela* mitzuarbeiten. Zu tun gibt es immer genug." Sarah zwinkert zu Kai hinüber. „Habe ich recht?"

Kai grinst. „Kann man wohl sagen!"

Wir wechseln einen kurzen Blick. Ich spüre, wie Sarahs Worte meine letzten Zweifel zerstreuen, und ich glaube, den anderen geht es ähnlich. Wir sind alle in diesem Moment fest entschlossen, am Freitag unser Bestes zu geben!

Jetzt gehen wir den Ablauf Punkt für Punkt durch. Wir haben schon vor dem Treffen hier ausgemacht, dass wir den *Estrela*-Leuten lieber nicht sagen, dass wir für die Aktion zwei Unterrichtsstunden schwänzen müssen. Kai meinte, das wäre besser so. Klar ist, dass wir am Freitag in der Pause in kleinen Gruppen das Schulgelände verlassen und direkt zum Marktplatz laufen. Um 12:00 Uhr beginnt dort die Eröffnungsveranstaltung für das Kinderfest.

Während der Bürgermeister und andere offizielle Leute ihre Reden schwingen, platzieren wir uns rund um den *Estrela*-Stand. Wenn der Bürgermeister dann mit seinem offiziellen Gefolge über den Festplatz marschiert, beginnt unser Einsatz: Ben, Eva und Pia sollen sich zum „Schlafen" in große Kartons legen, neben sich ausgebreitet ihre Habseligkeiten und Reste einer kargen Mahlzeit. Fatma und Cem mimen Kinder, die sich ängstlich vor uniformierten Beamten verstecken. Lukas und Oliver werden mit Handschellen in einem Drahtverschlag hocken und so darauf hinweisen, dass Straßenkinder immer wieder grundlos verhaftet und eingesperrt werden. Nele, Kai und ich sollen Kinder darstellen, die sich gegenseitig mit Messern bedrohen, berauben und von ihren Bettelplätzen verjagen. Miriam und Nadine werden mit glasigen Augen auf dem Boden sitzen und an irgendwelchen Flüssigkeiten schnüffeln, die Schusterleim darstellen. Leon mimt ihren Dealer.

Die gesamte Aktion soll völlig wortlos ablaufen. Stattdessen wird Sarah über Mikro über das Leben der brasilianischen Straßenkinder sprechen. Sie wird ihren Alltag beschreiben, die Ausweglosigkeit und Brutalität ihrer Situation deutlich machen.

Sarah nennt uns ein paar Zahlen und Fakten, die wir auch noch nicht kannten: „Könnt ihr euch vorstellen, dass fast ein Drittel aller Menschen in Brasilien mit weniger als zwei Dollar pro Tag auskommen muss? Hunderttausende Kinder unter fünf Jahren sind unterernährt – und das, obwohl Brasilien die achtgrößte Industrienation der Welt ist! Das heißt: Einige wenige Menschen sind unglaublich reich und Millionen andere fristen ihr Dasein in den riesigen Elendsvierteln der großen Städte, den sogenannten *Favelas*. Die Armen müssen ohnmächtig zusehen, wie die Reichen, die oft nur ein paar Kilometer entfernt wohnen, aber völlig abgeschottet sind, immer reicher werden“, fährt Sarah fort. „Deswegen steigt die Gewalt in den Städten massiv an. In Brasilien leben inzwischen ungefähr sieben Millionen Kinder auf der Straße! Viele von ihnen haben zwar noch eine Art Familie – das heißt, zumeist viele Geschwister und eine Mutter, die sich bestenfalls mit einem schlecht bezahlten Hilfsjob über Wasser hält. Aber für die Kinder reicht das Einkommen nicht. Die sind auf sich allein gestellt und müssen selber Geld ranschaffen. Egal wie! Viele dieser

Kinder sind nicht älter als ihr. Aber ihr Leben ist geprägt von Unterernährung, Gewalt, Prostitution, Krankheit und Drogen. Nur wenige finden den Weg heraus aus ihrem Elend!" Sarah blickt in die Runde. „Aber vielleicht werden bald mehr Kinder diesen Schritt schaffen, wenn nämlich viele Menschen hier in Deutschland die Arbeit von *Estrela da rua* unterstützen – so, wie ihr das tut!"

Nach Sarahs Rede ist es einen Moment lang ganz still in dem kleinen Raum. Dann klatschen wir spontan Beifall.

Ich atme tief durch. Sarahs Worte haben mich berührt und ich glaube, den anderen geht es genauso. Klar, wir haben schon oft von Menschen in Kriegsgebieten gehört, von Opfern von Hungersnöten und Erdbeben. Schließlich stehen jeden Tag solche Meldungen in der Zeitung, laufen Berichte und Reportagen im Fernsehen, deren Bilder einen manchmal tagelang verfolgen. Aber dieses Mal ist es anders. Dieses Mal können wir selbst etwas tun, vielleicht sogar etwas verändern – und das ist ein wirklich gutes Gefühl!

Am nächsten Tag treffen wir uns wieder im *Estrela*-Büro und spielen unsere Szenen durch. Sarah und Jenny haben die Sachen besorgt, die wir brauchen: einen Drahtverschlag, Handschellen, „Schusterleim", Kartons und so weiter. Aber es ist schwer, verdammt schwer, das Ganze so hinzukriegen, dass es nicht albern wirkt! Immer wieder müssen wir uns in die verschiedenen Szenen und Situationen hineindenken, müssen probieren, verbessern und dann doch wieder kichern, weil die Wirkung so ganz anders ist, als wir uns das wünschen. Aber mit der

Zeit werden wir besser. Und irgendwann sind Sarah und Jenny zufrieden mit uns.

Auf dem Nachhauseweg grinst mir Marie zu. „Wenn wir es jetzt noch schaffen, dass Miriam als Straßenkind nicht perfekt gestylt und im Designertop erscheint, ist das schon die halbe Miete …"

Ich kichere. „Stimmt, aber ich muss zugeben, dass sie ihre Sache gut macht. Und alle anderen auch, findest du nicht?"

„Doch, klar!" Marie nickt. „Aber ich bin trotzdem froh, dass ich nicht selber im Pappkarton liegen muss, sondern für die Unterschriftenaktion eingeteilt worden bin."

„Weiß ich doch." Wir sind vor unserem Haus angekommen. Während ich mein Fahrrad abschließe, frage ich Marie: „Geht das jetzt eigentlich klar mit deinem Vater? Ich meine, holt er dich wirklich übers Wochenende?"

Marie zuckt mit den Achseln. „Bisher habe ich jedenfalls noch nichts Gegenteiliges gehört. Warten wir's ab …"

Und dann ist der Freitag da. Der Tag unserer großen Aktion!

Als der Wecker klingelt, schrecke ich hoch, fühle mich wie zerschlagen. Ich habe den Eindruck, kein Auge zugemacht zu haben. Aber das ist natürlich Unsinn. Ich bin einfach nur tierisch aufgeregt! Beim Frühstück bringe ich kaum einen Bissen hinunter.

Meine Mutter schaut mich besorgt an. „Was ist denn los, Kira? Warum isst du denn gar nichts?"

Ich weiche ihrem bohrenden Mutterblick aus und schiebe den Marmeladentoast auf meinem Teller hin und her. „Ich weiß nicht. Ich nehme mir einen Apfel mit – für später."

„Wenn du meinst." Mama steht auf und holt zwei Äpfel aus der Schale. Wieder sieht sie mich prüfend an. „Manchmal denke ich, dass dieses Basarprojekt vielleicht doch ein bisschen zu viel ist für dich, Kira! Ich meine, die viele Arbeit neben der Schule, die Verantwortung dafür, dass alles gut läuft … Ich weiß, wie wichtig es dir ist, dass der Basar ein Erfolg wird. Und ich freue mich ehrlich über dein Engagement! Aber ihr seid eben doch … na ja, noch halbe Kinder!" Mama lächelt. „Jetzt spring mir nicht gleich ins Gesicht, ich weiß ja, dass du das nicht gerne hörst."

Ich stehe auf und greife nach meinem Rucksack. „Nein, ist schon okay. Ich gebe ja zu, dass ich ein bisschen unter Druck stehe, aber morgen in einer Woche beginnt der Basar und danach ist alles vorbei." – Und heute werden wir einfach aus der Schule abhauen, Mama. Heute Mittag wird Frau Walter vor einem leeren Klassenzimmer stehen. Heute ist unsere Aktion auf dem Festplatz. Und deswegen bin ich so aufgeregt. Ich könnte zerspringen vor Anspannung! Aber das sage ich dir nicht, Mama. Das darf ich nicht! Du würdest es mir verbieten. Wahrscheinlich wärst du entsetzt. Vielleicht ja auch nicht. Ich weiß es nicht. Ich darf es nicht darauf ankommen lassen.

Ich gebe meiner Mutter schnell einen Kuss auf die Wange. „Muss los, bis später."

„Bis später, Mäusezahn."

Verdammt, warum benutzt sie ausgerechnet heute Morgen meinen alten Kosenamen? Da fühle ich mich ja gleich noch etwas kleiner und wackliger.

Marie ist auch ziemlich blass um die Nase, als wir uns treffen. Aber wir sprechen nicht darüber. Wir wissen beide: Wenn wir jetzt anfangen zu reden, kriegen wir doch noch Zweifel an unserer Aktion. Und das wäre nicht gut. Jetzt müssen wir unseren Plan auch durchziehen. Ohne Wenn und Aber!

Schweigend radeln wir nebeneinander her. Irgendwann fängt Marie an, was über ihre Mutter zu erzählen, aber ich höre nur mit halbem Ohr hin. Ich weiß, dass sie nur redet, um was zu sagen, um uns abzulenken. Aber es hilft nicht viel.

Ich habe ganz schön Angst! Habe ich in meinem Leben überhaupt schon mal irgendetwas gemacht, ohne dass meine Eltern davon wussten? Nichts Schlimmes jedenfalls! Vielleicht bin ich im Grunde meines Herzens ja wirklich Papas braves, kleines Mädchen, das genaue Gegenteil einer großen Revoluzzerin. Ich habe Angst vor den Folgen unserer Aktion. Angst vor dem, was Frau Walter sagt. Bestimmt macht sie uns am Montag fertig! Ich bin sicher, dass sie Kai und mich als Klassensprecher in die Verantwortung nehmen wird. Und wir sind ja auch verantwortlich. Es war schließlich unsere Idee!

Natürlich habe ich auch einen Mordsbammel vor der Aktion auf dem Marktplatz. Wie die Leute wohl reagieren werden? Entrüstet? Schockiert? Verärgert? Mir wird immer flauer im Magen. Auf was habe ich mich da nur eingelassen?

Marie und ich biegen in die Straße zu unserer Schule ein. Am liebsten würde ich weiterfahren, einfach an dem großen, grauen Kasten vorbeiradeln, irgendwohin, wo heute alles ganz normal und friedlich ist und keiner was von mir will. Verdammt, wäre es doch schon Nachmittag und alles läge hinter mir!

Aber es ist verrückt: Sobald Marie und ich in der Schule sind, oben in unserem Klassenraum, geht es mir schlagartig besser. Jetzt sind wir nicht mehr allein mit unserer Angst. Die anderen sind genauso aufgeregt. Alle! Das ist deutlich zu spüren. In der Klasse ist eine Stimmung wie in einem aufgewühlten Bienenstock. Ben, Nele, Pia, Cem, Nadine … alle scheinen heute überlaut zu reden, ständig wird irgendwo grell gelacht oder besonders albern gekichert. Es ist, als wären wir alle ein bisschen durchgeknallt. Aber wir sind wenigstens zusammen.

Ich blicke mich unruhig um. Komisch, Kai ist noch nicht da. Wieso kommt er denn ausgerechnet heute so spät? Es hat bereits geklingelt, gleich wird Mr Simpson, unser Englischlehrer, auf der Matte stehen. Immer wieder schaue ich zur Tür. Verdammt, ist Kai etwa krank? Aber warum hat er mich dann nicht angerufen? Und was, wenn er im letzten Moment Panik gekriegt hat und sich einfach drückt? Ich beiße nervös auf meinen Nägeln herum. Würde Kai so was bringen? Ich kann es nicht sagen! Wir haben zwar in den letzten Wochen ziemlich viel Zeit miteinander verbracht, aber kenne ich Kai wirklich so viel besser als vorher? Eigentlich nicht!

Die Minuten vergehen. Mein Herz klopft bis zum Hals. Das kann Kai doch nicht machen! Er kann mich doch nicht mit der ganzen Aktion alleinlassen …

Endlich, endlich – direkt hinter Mr Simpson schiebt sich Kai durch die Tür. Er lächelt mir zu und sofort poltert ein mittelgroßer Felsen von meinem Herzen. Gott sei Dank, er ist da! Ich muss die Verantwortung für die Aktion nicht allein tragen!

Kais Haare sind noch zerzauster als sonst und seine Finger ölverschmiert. Im Vorbeigehen zischt er mir zu: „Meine Fahrradkette ist rausgesprungen … ausgerechnet heute! Hier alles okay?"

Ich nicke nur und Kai grinst. „Dann ist ja gut!"

Die Zeit bis halb zwölf zieht sich wie Kaugummi. Langsam und quälend schleichen die Minuten dahin. In der Klasse ist es noch unruhiger als sonst. Natürlich kann sich heute kein Schwein konzentrieren. Das fällt sogar Mr Simpson auf. „Könnt ihr nicht mal aufpassen? Das wird ja immer schlimmer hier! Was ist denn heute nur los?"

Wir wollen kein Aufsehen erregen. Deswegen legen sich Pia und Leon, die Klassenbesten, ein bisschen ins Zeug und zeigen ein Minimum an Einsatz, damit die allgemeine Unruhe nicht noch deutlicher wird.

Immer wieder beiße ich hektisch auf meinen Fingernägeln herum, forsche in den Gesichtern der anderen. Werden sie auch wirklich mitmachen? Oder kriegen sie im letzten Moment Panik und kneifen? Was passiert, wenn die Hälfte der Leute plötzlich hier bleiben will? Ziehen wir das Ganze dann trotzdem durch? Das muss ich mir doch alles vorher überlegen. Nachher ist es zu spät. Dann ist keine Zeit mehr für lange Diskussionen!

In der ersten großen Pause laufen Marie, Pia und ich sofort hinunter in unseren Kellerraum. Ben, Kai, Cem und einige andere folgen. Auch Oliver kommt mit. Nur am Rande registriere ich, dass er mal wieder ein löchriges T-Shirt trägt und seine Haare genauso fettig aussehen wie früher. Ist das jetzt seine Straßenkindverkleidung oder hat die wundersame Wandlung zu Meister Proper einfach nicht lange angehalten? Wahrscheinlich eher Letzteres! Schade. Aber egal, Oliver hat sich in den letzten Tagen wirklich als große Hilfe erwiesen und unheimlich viel Einsatz für den Basar gezeigt. Da kann man über den Fettkopf getrost hinwegsehen. Und wer weiß, vielleicht bringe ich ja irgendwann den Mut auf, vorsichtig mit Oliver über seine nicht vorhandene Körperpflege zu reden. Ich glaube, wenn ich diesen Tag heute hinter mich gebracht habe, kann mich erst mal nichts mehr schrecken. Dann habe ich vor nichts mehr Angst!

Wir reden alle wirr durcheinander, ohne wirklich was zu sagen. Wollen nur unsere eigenen Stimmen hören, weil das irgendwie ablenkt und beruhigt.

Die vierte Stunde wird die längste. Während Frau Lahnstein, die Biolehrerin, irgendwelche öden Vorträge über Wasserpflanzen hält, raschelt es verdächtig unter den Pulten. Die Ersten fangen an, ihre Sachen zusammenzupacken. Die erste Gruppe soll nämlich gleich nach dem Pausenläuten verschwinden, die nächste ein paar Minuten später und gegen Ende der Pause dann die dritte Gruppe. Hier im Klassenraum wird wahrscheinlich doch keiner ausharren. Schließlich hat niemand Lust, von einer aufgebrachten Frau Walter ins Kreuzverhör genommen zu werden. Deswegen wird ein Teil der Klasse zwar nicht mit zum Marktplatz gehen, aber eben einfach blaumachen. Nina und Patrick zum Beispiel, aber auch Nico und Simon. Natürlich haben sich die beiden nicht an den Vorbereitungen zu unserer Aktion beteiligt. Sie haben ein paar blöde Sprüche darüber abgelassen, aber immerhin das Ganze nicht boykottiert. Und das ist mehr, als ich erwartet hatte.

Ich blicke auf meine Hände. Sie zittern und sind eiskalt. Und immer wieder schaue ich auf die Uhr. Jetzt muss es gleich klingeln! Zehn, neun, acht, sieben … der Countdown läuft! Gleich, gleich wird Kai aufspringen und als einer der Ersten aus der Klasse stürmen. Ich soll erst im letzten Trupp mitgehen.

Kurz sehe ich zu Kai hinüber. Er fängt meinen Blick auf und lächelt mir aufmunternd zu. Ich versuche auch ein Lächeln, aber es bleibt in meinen Mundwinkeln hängen und versiegt dort kläglich.

Dann klingelt es! Endlich!

Wieder schaue ich zu Kai hinüber. Er springt auf, greift nach seinem Rucksack, rennt zur Tür. Aber – nanu – die wird im gleichen Moment aufgerissen. Oh nein! Da steht ja Frau Walter und direkt hinter ihr Frau Hoffmann! Verdammt, das gibt's doch nicht! Das kann doch nicht wahr sein!

Kai prallt zurück. Ich presse mir die Hand auf den Mund. Es ist totenstill im Raum. Irgendetwas ist schiefgelaufen. Schrecklich schief!

Mit energischen Schritten schiebt sich die Schulleiterin an Frau Walter vorbei in den Klassenraum. Ein paar Sekunden lang mustert sie uns streng. Dann blafft sie los: „Kai Wittmann, kannst du mir vielleicht erklären, wieso du deine Sachen gepackt hast? Wo wolltest du denn hin, mitten in der Unterrichtszeit?" Bevor Kai etwas sagen kann, macht Frau Hoffmann eine ungeduldige Handbewegung und kläfft auch schon weiter: „Spar dir deine Antwort! Wir wissen, dass ihr geschlossen das

Schulgelände verlassen wolltet! Dass ihr vorhattet, den Unterricht zu schwänzen, um euch auf dem Marktplatz an dieser … dieser peinlichen Aktion zu beteiligen. Und ich muss sagen“, sie lässt ihren kühlen Blick langsam über unsere Gesichter wandern, „ich muss sagen, ich bin schwer enttäuscht von euch! Das Kollegium und ich, wir haben euren Basar nach Kräften unterstützt. Wir haben Verständnis dafür gezeigt, dass euer schulisches Engagement in den letzten Wochen erheblich nachgelassen hat. Und was tut ihr, um uns das zu danken?“ Frau Hoffmann schüttelt den Kopf, um zu verdeutlichen, wie vollkommen fassungslos sie ist. Das Ganze wirkt wie ein schlechtes Theaterstück. „Ich bin nur froh, dass wir eure Darbietung auf dem Marktplatz rechtzeitig verhindern können! Das wäre eine schöne Schlagzeile geworden – und das eine Woche vor unserem Schuljubiläum ... Nicht auszudenken!“ Die Schulleiterin wechselt einen Blick mit Frau Walter. „Eure Klassenlehrerin und ich sind uns einig: Das wird Konsequenzen haben!“

Stumm haben wir uns die Predigt angehört. Ich bin wie erstarrt. Ich glühe am ganzen Körper und gleichzeitig ist mir eiskalt. Das Ganze ist wie ein schrecklicher Albtraum! Und wir können nichts machen. Schließlich können wir nicht einfach aufspringen und mit Gewalt an den beiden Frauen vorbeistürmen. Selten habe ich mich so hilflos gefühlt, so erniedrigt, so entsetzlich jung und jämmerlich!

Was werden Sarah und Jenny jetzt wohl machen? Die stehen auf dem Marktplatz an ihrem Stand und wundern sich, wo wir bleiben. Wahrscheinlich werden sie langsam unruhig, spüren, dass etwas schiefgegangen ist. Wahrscheinlich denken sie, dass wir im letzten Moment kneifen. Schließlich wissen sie nicht, dass wir den Unterricht schwänzen wollten für die Aktion! Wir haben gegenüber Sarah und Jenny ja behauptet, dass wir freitags nur bis halb zwölf Schule haben. Wenn die beiden die Wahrheit erfahren, werden sie stocksauer sein. So ein Mist, alle werden stocksauer sein! Mit allen haben wir es uns verscherzt! Dabei wollten wir doch nur das Beste für *Estrela*. So ein Mist!

Als Frau Hoffmann endlich raus ist, klappt Frau Walter wortlos die Tafel auf und fängt an, irgendwelche Formeln anzuschreiben. So was Albernes, als ob sich irgendwer jetzt auf Mathematik konzentrieren könnte! Noch nicht mal Leon und Pia zeigen irgendeine Form von Einsatz. Immer wieder schauen wir uns fragend an: Wie konnte das passieren?

Wieder schleppen sich die Minuten dahin. Hin und wieder tauschen Kai und ich einen verzweifelten Blick, schütteln ratlos die Köpfe. Und was nun?

Ich glaube, die beiden Mathestunden sind auch für Frau Walter eine einzige Qual. Keine ihrer Fragen wird beantwortet, keiner meldet sich, keiner zeigt Interesse. Als es endlich klingelt, eilt sie mit hastigen Schritten zur Tür. Ob sie sich anders verhalten hätte, wenn Frau Hoffmann nicht aufgekreuzt wäre und das Ganze an sich gerissen hätte? Gut möglich. Aber das spielt jetzt auch keine Rolle mehr.

Schulschluss. Eigentlich könnten wir gehen. Stattdessen stehen alle unentschlossen in kleinen Grüppchen herum, diskutieren, lamentieren … Kai winkt mir, mit ihm nach vorn zu kommen. Aber ich habe keinen Nerv, jetzt irgendwelche Reden zu schwingen. Echt nicht! Am liebsten würde ich einfach verschwinden.

Kai räuspert sich, dann ruft er in die Menge: „Hört mal bitte kurz zu! Es tut mir leid, dass alles schiefgegangen ist. Ich habe keine Ahnung, wie Frau Hoffmann von unserem Plan erfahren hat. Allerdings bin ich sicher, dass wir das noch rauskriegen werden. Aber das ist jetzt auch nicht das Wichtigste. All unsere Vorbereitungen waren umsonst! Wir sind sauer und enttäuscht und die Leute von *Estrela* bestimmt auch. Ich fahre jetzt direkt zum Marktplatz, um mit Sarah und Jenny zu reden. Wir müssen den *Estrela*-Leuten ja erklären, warum wir nicht aufgetaucht sind. Wer will, kann gerne mitkommen. Über alles andere sprechen wir am Montag, okay?“

Die anderen nicken, trotten langsam hinaus. Eilig hat es keiner. Ich könnte heulen! Vor Wut und vor Enttäuschung. Cem und Ben drängeln sich grob an mir vorbei. „War eben ein Scheißplan, Kira!", motzt Cem unvermittelt. „Aber eigentlich hätten wir uns das denken können: Wenn man Weicheier wie euch ranlässt ... Das kann doch nur schiefgehen!"

Ich starre Cem an. Was soll das denn? Muss er jetzt irgendwo seinen Frust ablassen? Aber warum bei mir? Sein Vorwurf ist doch völlig ungerecht, richtig gemein! Aber ich bin viel zu erschlagen, um mich zur Wehr zu setzen, bringe kein Wort heraus.

Marie packt mich am Arm und zieht mich nach draußen. „Komm schon, das bringt doch jetzt nichts!"

Wie betäubt schließe ich mein Fahrrad auf. Marie sieht mich fragend an. „Fährst du auch noch zum *Estrela*-Stand?"

Ich zucke mit den Achseln. „Doch, ja, ich glaube schon. Das kann ich nicht allein auf Kai abladen. Sarah und Jenny sind doch bestimmt stocksauer, dass wir ihnen nicht die Wahrheit gesagt haben."

Marie nickt. „Kann sein, aber vielleicht verstehen sie es ja auch."

Ich schwinge mich auf mein Rad. „Komm, es wird Zeit! Kai ist bestimmt schon unterwegs."

Aber Marie zögert. „Wärst du mir sehr böse, wenn ich nicht mitfahre, Kira? Es ist schon halb zwei. In einer Stunde kommt mein Vater, um mich abzuholen. Du weißt schon: unser Wochenende, die Überraschung ..."

Stimmt, heute ist ja Maries großer Tag! Das hätte ich beinahe schon wieder vergessen. Hoffentlich erlebt sie nicht wieder eine Enttäuschung! „Ist schon in Ordnung, Marie. Fahr ruhig nach Hause! Hast du deine Sachen schon gepackt?“

Marie lächelt. „Klar, lauter schickes Zeug. Mein Vater wird staunen!“

Ich nicke. „Viel Spaß! Und ruf mich gleich an, wenn du zurück bist, okay? Ich will alles genau wissen.“

8

Auf dem Marktplatz ist nicht viel los. Die Eröffnungsveranstaltung ist längst vorbei und der große Kinderandrang kommt natürlich erst am Nachmittag. Ich sehe den Stand von *Estrela da rua* schon von Weitem. Hey, da sind ja richtig viele Leute! Neben Sarah und Jenny stehen Kai, Ben und Pia und – nanu – da ist ja auch Miriam! Merkwürdig ... Die Gruppe blickt mir entgegen.

„Schön, dass du auch noch kommst!“, giftet Miriam.

Ich zucke zusammen. Noch so ein Angriff! Was soll das denn? Reicht es nicht, wenn Frau Hoffmann uns fertigmacht? Müssen wir jetzt auch noch gegenseitig aufeinander herumhacken?

Ich forsche in Sarahs und Jennys Gesichtern. „Es tut mir so leid“, sage ich.

Sarah zuckt mit den Achseln. „Da kann man nichts machen. Die Sache ist gelaufen. Schade um die vielen Vorbereitungen! Aber ihr hättet uns echt sagen können, dass ihr eigentlich noch Schule habt um die Zeit.“

„Hättet ihr uns denn dann mitmachen lassen?“, fragt Pia.

Jenny pustet sich eine Haarsträhne aus der Stirn. „Ich weiß es nicht. Aber es ist doch klar, dass es für eine kleine Organisation wie *Estrela da rua* nicht gut sein kann, sich mit öffentlichen Institutionen anzulegen, wie die Schule nun mal eine ist. Versteht ihr das nicht? Wer so was mitkriegt und uns Ärger machen will, behauptet einfach, dass wir Kinder dazu anleiten, die Schule zu schwänzen, um sie dann für unsere politischen Aktionen zu missbrauchen – oder so was in der Art. Das geht ganz schnell! Und dann kriegt *Estrela* keinerlei öffentliche Unterstützung mehr. Und auf die sind wir nun mal angewiesen!“

Wir nicken betroffen. Was Jenny sagt, leuchtet uns ein.

„Wir waren ziemlich naiv, was?“, murmelt Ben ungewohnt kleinlaut.

„Quatsch!“ Sarah lächelt schon wieder. „Aber ihr hättet ein bisschen mehr nachdenken müssen, vor allem du, Kai! Du kennst schließlich die Bedingungen, unter denen *Estrela* arbeitet.“

„Ihr habt ja recht.“ Kai nickt zerknirscht. „Es war bescheuert, euch nicht einzuweihen. Und jetzt ist alles hin!“

„Alles nicht“, sage ich. „Den Basar können sie uns nicht kaputt machen.“

„Da sei dir mal nicht so sicher“, unkt Miriam. „Vielleicht streicht Frau Hoffmann uns ja jetzt das ganze Projekt. Als Strafe sozusagen. Peng. Aus. Ende.“

Böse schaue ich Miriam an. Warum muss sie denn noch mehr Panik machen? Schließlich ist auch so schon alles schlimm genug! Und wieso tut Miriam jetzt überhaupt so, als läge ihr der Basar am Herzen? Vor nicht allzu langer Zeit hat sie noch kräftig darüber hergezogen und plötzlich mimt sie die besorgte, engagierte Helferin. Das ist doch alles blödes Getue!

„Ich glaube nicht, dass ihr euch um den Basar Sorgen machen müsst“, beruhigt uns Sarah. „Eure Frau Dr. Hoffmann achtet doch scheinbar sehr auf eine gute Außenwirkung. Es sähe sicher gar nicht gut aus, wenn eine Schulleiterin ein Hilfsprojekt für arme Straßenkinder abblasen würde, bloß um ihre Schüler zu bestrafen.“

Wir grinsen. Sarah hat recht! Den Basar kann Frau Hoffmann nicht antasten.

„Ob sie unsere Eltern benachrichtigt?“, fragt Pia.

„Kann schon sein.“ Kai zuckt mit den Achseln. „Zumindest sollten wir das nicht ausschließen. Aber ich denke, sie würde es uns vorher ankündigen. Damit wir auch ja schön Panik aufbauen können!“

Ben lächelt verschmitzt. „Ich glaube nicht, dass sie's tut. Im Grunde ist doch gar nichts passiert. Ich meine, wir sind nicht abgehauen. Wir haben nicht den Unterricht geschwänzt. Und unser Foto ist morgen nicht in der Presse. Also, was soll sie unseren Eltern schreiben?“

„Und Zeit dafür hat sie sicher auch nicht“, ergänzt Pia. „Die hat wegen des Schuljubiläums genug an den Hacken.“

Wir sehen uns erleichtert an. Vielleicht haben wir ja wirklich schon das Schlimmste hinter uns …

„Bleibt nur eine große Frage“, sagt Miriam plötzlich.

„Und die wäre?“, fragt Kai.

„Woher wusste Frau Hoffmann, was wir vorhaben? Oder anders gesagt …“ Miriam blickt uns der Reihe nach an. „Welches Schwein hat uns verpfiffen?“

Immer wieder dröhnt es in meinem Kopf: Welches Schwein hat uns verpfiffen? Wer kannte unseren Plan? Wer wollte ihn verhindern oder hat im letzten Moment Panik bekommen? Das ganze Wochenende grüble ich über diese Fragen nach, aber ich drehe mich im Kreis, komme zu keinem Ergebnis. Wenn wenigstens Marie da wäre! Zusammen könnten wir jetzt eine Theorie nach der anderen entwickeln und wieder verwerfen, oder auch einfach nur den Frust über unsere gescheiterte Aktion verarbeiten. Wie viel Arbeit haben wir uns gemacht! Wie viel Ängste ausgestanden! Alles umsonst!

Ich überlege, ob ich Kai anrufen soll, um mit ihm noch einmal alles zu besprechen. Ob er eine Vermutung hat, wer uns verraten haben könnte? Ich selbst habe noch immer keinen konkreten Verdacht. Zum x-ten Male drehen sich meine Gedanken im Kreis. Was ist mit Nico und Simon? Wäre es nicht denkbar, dass sie uns verraten haben? Nico musste es doch sehr recht sein, dass unser schöner „Gutmenschplan", wie er ihn immer boshaft genannt hat, zunichte gemacht wurde. Wer weiß, vielleicht hat er ja ein bisschen nachgeholfen und jemandem einen Tipp gegeben? Andererseits hätte er das auch einfacher haben können. Er hätte die Marktplatzaktion mit ein paar gezielten Sätzen so lächerlich machen können, dass ein Teil der Klasse garantiert abgesprungen wäre. Nicos Meinung zählt, vor allem bei den Jungs. Nach wie vor. Dann wäre das Ganze schon vorher geplatzt wie eine Seifenblase. Nein, nein, das macht keinen Sinn! Nico steckt nicht dahinter. Da bin ich mir fast sicher.

Trotzdem könnte es nicht schaden, Kai anzurufen. Ich sehne mich danach, das ganze Drama noch mal durchzukauen. Punkt für Punkt.

Mama und Papa habe ich natürlich kein Wort von der ganzen Geschichte erzählt. Wer weiß, vielleicht würde Mama mich sogar irgendwie verstehen – aber Papa, der würde mit Sicherheit voll ausflippen! Und ob Mama ihm gegenüber dichthalten würde? Eher nicht! Früher oder später tauschen sich die beiden doch immer aus. Das habe ich schon zu oft erlebt.

Also Kai! Entschlossen greife ich zum Telefon. Aber während ich noch seine Nummer suche, läutet es plötzlich. So ein Mist! Das ist sicher wieder irgendeine nervige Freundin meiner Mutter. Und das kann dann Stunden dauern …

„Kastner", belle ich in den Hörer.

„Kira, bist du es?"

Oje, das ist ja Marie! Total aufgelöst. Ich habe kaum ihre Stimme erkannt …

„Was ist denn los, Marie? Bist du schon wieder zu Hause? Ich dachte, du bleibst bis heute Abend bei …"

„Kira, es ist so schrecklich!" Marie schluchzt auf.

„Nun sag schon: Ist was mit deinem Vater?" Ich überlege. „Es hängt mit dieser Überraschung zusammen, die er angekündigt hat, nicht wahr?" Ich hatte die ganze Zeit das Gefühl, dass diese blöde Überraschung nach hinten losgeht. Ich weiß auch nicht, warum.

„Er heiratet wieder, Kira! Das wollte er mir sagen. Eine Frau, die gerade mal zwölf Jahre älter ist als ich und ein Baby von ihm kriegt! Und darüber sollte ich mich freuen, verstehst du?" Marie lacht grell auf. Ihre Stimme überschlägt sich fast. „Für diese neue Frau sollte ich mir schicke Sachen mitbringen, damit ich bei ihr gut ankomme. Damit ich nicht ganz so klein, fett und bieder aussehe wie sonst. Damit er sich vor seiner neuen Flamme nicht schämen muss mit seiner Tochter!"

„Aber Marie, so hat er das bestimmt nicht gemeint! Sicher wollte dein Vater nur, dass du dich wohlfühlst und …"

Marie schneidet mir das Wort ab. „Nein, nein, Kira, ich sehe das schon richtig! Papa ist total vernarrt in diese

Melanie. Ich habe genau gespürt, dass er nicht etwa Angst davor hatte, dass ich seine Freundin womöglich nicht mag oder das mit dem Baby ablehne oder so … sondern dass er nur fürchtete, ich könnte vor Melanies schönen, kritischen Augen keine Gnade finden. Es war so schrecklich!“

„Und dann bist du einfach abgehauen?“, frage ich.

„Nein, nein, ich habe brav die zwei Tage ausgeharrt. Du kennst mich ja: bloß keine Umstände machen, bloß nicht lästig werden, weil Papa dann ja vielleicht gar nicht mehr kommt!“ Marie lacht verächtlich. „Aber heute Morgen habe ich ihm endlich hingeknallt, dass er mich nach Hause bringen soll. Das mit dem Baby haben sie mir nämlich erst heute beim Frühstück gesteckt. Zwischen Ei und Toast sozusagen! Nachdem ich schon am Freitag von der Nachricht von ihrer bevorstehenden Heirat nicht begeistert war, haben sie sich bis zur zweiten freudigen Neuigkeit erst noch ein bisschen Zeit gelassen. Ist das nicht unglaublich rücksichtsvoll?“ Marie kichert wieder schrill.

Ich weiß gar nicht, was ich sagen soll. Marie tut mir unendlich leid! Ich spüre ihr tiefes Verletztsein fast körperlich. „Wie ist sie denn so, diese Melanie?“, will ich schließlich unbeholfen wissen.

„Na, wie soll sie schon sein? Wie aus dem Werbespot: schlank, schön, selbstsicher, sie passt sicher gut zu meinem Vater. Nur leider nicht zu mir.“

„Wusste deine Mutter eigentlich von der ganzen Sache?“

„Nee, der habe ich das alles erst heute erzählt. Ihre Reaktion kannst du dir ja vorstellen!“

Das kann ich allerdings: jammern, leiden, schimpfen. Hoffentlich hat sie wenigstens Marie ein bisschen getröstet und nicht nur sich selbst bedauert.

„Mama war schon einigermaßen okay“, sagt Marie. „Natürlich war es auch für sie ein Schock.“

„Hängt sie denn noch so an deinem Vater?“, frage ich verwundert.

„Nö, das glaube ich eigentlich nicht, aber wenn da plötzlich eine andere deinen alten Platz einnimmt, das ist …“ Marie sucht nach Worten. „Na ja, das tut schon weh, stelle ich mir vor.“

„Wahrscheinlich.“ Ich atme tief durch. Was für ein mieses Wochenende! Schrott von Anfang bis Ende. „Komm doch rüber!“, bitte ich Marie. „Dann können wir in Ruhe reden.“

„Geht nicht, Mama hat mich zum Pizzaessen eingeladen. Sie wäre schrecklich enttäuscht, wenn ich sie jetzt hängen lasse. Du kennst sie ja!“

„Also gut, aber wenn du dich nachher noch ein bisschen ausheulen willst, ruf mich an, ja? Egal, wie spät es ist! Meine Eltern sollen sich nicht anstellen, die quatschen selber oft bis Mitternacht.“

„Mache ich, Kira, ansonsten sehen wir uns morgen früh. Dann musst du mir auch noch erzählen, wie es in Sachen *Estrela* steht, ja? Ich muss jetzt los. Mama wartet schon auf mich. Tschüss.“

„Tschüss, Marie. Halt die Öhrchen steif, ja?“

Ich lege auf. So ein Mist! Arme Marie! Hätte ihr Vater ihr diese Neuigkeiten nicht vorsichtiger beibringen können? Und vor allem erst mal allein? Natürlich hat er das Recht, wieder zu heiraten, und meinetwegen soll er noch ein Dutzend Kinder in die Welt setzen. Aber wieso schnallt er nicht, dass das alles keine tolle Überraschung für Marie ist, sondern ein Schock? Das ist doch glasklar, oder nicht? Musste er Marie gleich die „neue Mutti“ vor die Nase setzen? Ich fasse es nicht! Erwachsene sind manchmal richtige Holzköpfe!

Mir ist die Lust vergangen, Kai anzurufen und mit ihm darüber zu spekulieren, wer unseren schönen Plan verraten hat. Im Gegensatz zu dem, was Marie dieses Wochenende erlebt hat, erscheint mir unser *Estrela*-Drama plötzlich wie Kinderkram. Wahrscheinlich werde ich das morgen in der Schule wieder anders sehen, aber im Moment empfinde ich es so.

Hm, was mache ich denn jetzt? Eine Weile stehe ich ein bisschen planlos in meinem Zimmer herum. Dann kuschle ich mich auf meine Couch, greife nach einem fetten Schokoriegel und einem Liebesschmöker, den ich schon dreimal gelesen habe. Für heute ist mein Problempensum voll. Ich mag einfach nicht mehr grübeln!

Marie sieht immer noch ziemlich angeschlagen aus, als wir uns am nächsten Morgen an der üblichen Ecke treffen. Über unsere Fahrräder hinweg nehme ich sie in die Arme.

„Geht's wieder?“, frage ich leise.

Marie nickt. „Ja, schon etwas besser. Glücklicherweise war Mama gestern erstaunlich gelassen, sogar als Papa noch mal angerufen hat, um zu fragen, wie mir das Wochenende denn so gefallen hat.“

Ungläubig schaue ich sie an. „Das hat er tatsächlich gefragt?“

Marie zuckt mit den Achseln. „Na ja, so ähnlich. Ich denke, er wollte einfach wissen, wie es mir geht. Er hat ja mitgekriegt, dass ich seine tolle Überraschung nicht so klasse fand."

„Und jetzt?"

„Nichts. Ich möchte eine Weile auf Abstand zu meinem Vater gehen. Ich glaube, das ist das Beste, und das habe ich ihm auch gesagt."

„Und er hat's geschluckt?", will ich wissen.

„Klar, was sollte er denn machen? Komm, lass uns fahren!" Marie schwingt sich aufs Rad.

Ich fahre neben ihr her. Auf dem Weg erzähle ich ihr rasch von unserem Gespräch mit Sarah und Jenny am Freitag und von der Suche nach einem Schuldigen für die geplatzte *Estrela*-Aktion.

Marie runzelt besorgt die Stirn. „Das kann ganz schön eklig werden, glaubst du nicht? Wenn es an jeder Ecke mit Verdächtigungen und Spekulationen losgeht …"

„… und mit gestammelten Geständnissen unter Folter?" Ich winke ab. „So schlimm wird's schon nicht werden!"

Ob Frau Walter uns heute auch noch eine Predigt hält? Darauf kann ich echt gut verzichten! Aber vielleicht haben wir ja Glück und die Wogen haben sich inzwischen wieder geglättet.

Als Marie und ich in die Klasse kommen, scheint es für eine Sekunde total still zu werden. Bilde ich mir das nur ein? Verwirrt schaue ich mich um. Aber der Eindruck bleibt. Irgendetwas stimmt hier nicht, ich kann allerdings noch nicht genau sagen, was. Bisher ist es nur ein unbestimmtes Gefühl.

„Da ist sie ja, dann können wir sie fragen!", sagt Ben und blickt in meine Richtung.

Irre ich mich, oder starren mich wirklich alle an? „Was ist denn?", erkundige ich mich, eine Spur nervös. „Was wollt ihr mich fragen?"

Nele und Ben wechseln einen Blick, auch die anderen schauen sich unsicher an. Offensichtlich will keiner mit der Sprache heraus. Verdammt, was ist denn hier los?

„Nun macht endlich den Mund auf!" Ich versuche, meiner Stimme einen lockeren Klang zu geben.

Miriam steht auf und verschränkt die Arme vor der Brust. „Wenn's sonst keiner tut, sage ich dir eben, was los ist, Kira! Dein Vater hat am Freitagvormittag unserer lieben Frau Dr. Hoffmann einen geheimen Besuch abgestattet." Miriam macht eine bedeutungsvolle Pause. „Tja, und wenig später rauschte Frau Hoffmann bei uns rein, um unsere Aktion zu verhindern. Ganz offensichtlich war sie plötzlich bestens über unsere Pläne im Bilde …"

Mein Gehirn weigert sich zu begreifen, was Miriam mir damit sagen will, was alle hier mir sagen wollen! „Aber … aber das ist totaler Quatsch!", stammle ich. „Mein Vater war am Freitag nicht in der Schule. Das weiß ich ganz genau!"

Jetzt schaltet sich Cem ein. „Man hat ihn aber gesehen, Kira!"

Ich wirble herum. „*Wer* hat ihn gesehen?"

Ich weiß die Antwort schon, bevor Cem den Mund aufmacht und dabei in die letzte Reihe deutet. „Nico und Simon! Erinnerst du dich? Die beiden sollten am Freitag eine Karte für den Biounterricht holen. Tja, und dabei haben sie deinen Vater auf dem Gang getroffen, genau vor dem Sekretariat von Frau Hoffmann! Aber sie haben ihn nicht gleich erkannt. Erst am Wochenende ist ihnen eingefallen, wer ihnen da über den Weg gelaufen ist – und dass das doch ein sehr merkwürdiger Zeitpunkt war …"

Ich fühle mich, als hätte mir jemand seine Faust in den Magen geschlagen. Ich kriege kaum Luft. Ist das jetzt Nicos späte Rache für meine Anfeindungen bei unseren Streit? Verdammt, was soll ich denn jetzt machen? Wenn Nico behauptet, dass er meinen Vater zu der betreffenden Zeit hier gesehen hat, kann ich ihm kaum das Gegenteil beweisen! Ich muss jetzt ruhig bleiben, ich muss mich konzentrieren. Das ist alles ein bescheuertes Missverständnis, das sich gleich aufklären wird. Keine Frage. „Und was wollt ihr damit sagen? Ich meine, wollt ihr etwa behaupten, dass mein Vater …"

„… dass dein Vater unserer guten Frau Dr. Hoffmann erzählt hat, was hier abgehen sollte, klar! Alle Details." Nico richtet sich auf, wippt lässig auf seinem Stuhl hin und her. Ich spüre, wie sehr er die Situation genießt. Endlich kann er mich fertigmachen! Er grinst. „Wie soll es denn sonst gelaufen sein, Kira? Gib schon zu, dass du Papi eingeweiht hast, weil du nämlich Angst vor deiner eigenen Courage gekriegt hast. Hier einfach abhauen, eine Politshow auf dem Marktplatz abziehen, den guten Bürgermeister schocken … Das ist doch eigentlich gar nicht dein Ding, Kira! Du hast im letzten Moment Schiss gekriegt! Und weil du dich nicht mehr getraut hast, die ganze Aktion selber abzublasen, hat Papi das für dich übernommen. Ganz diskret natürlich, wie üblich."

Sprachlos starre ich Nico an. Das kann doch alles nicht wahr sein! Ich schaue in Neles Gesicht, in Bens. Ich sehe

Pia an und Cem, Oliver, Fatma, Nadine und Miriam. Einige halten meinem Blick stand, andere wenden sich ab. – Verdammt, wo ist eigentlich Kai? Wieso ist der nie da, wenn ich ihn brauche? Aus unerfindlichen Gründen bin ich mir sicher, dass er mich aus dieser Horrorsituation herausholen könnte, mir zumindest beistehen würde. Sonst tut das ja anscheinend keiner!

„Aber die Aktion auf dem Marktplatz war doch meine eigene Idee!“, rufe ich. „Warum sollte ausgerechnet ich alles kaputt machen? Das ist doch vollkommen verrückt!“ Ich spüre, wie mir Tränen in die Augen schießen.

Plötzlich steht Pia auf und blitzt wütend in die Runde. „Jetzt hört mal auf, so auf Kira rumzuhacken! Ich bin sicher, dass sie ihren Vater nicht gebeten hat, die Sache für sie zu regeln.“

Hoffnungsvoll sehe ich Pia an. Wird sie diesen schrecklichen Spuk jetzt beenden und allen erklären, dass sie komplett verrückt sind?

Pia nickt mir zu. „Wahrscheinlich hast du deinem Vater einfach nur erzählt, was wir vorhaben, nicht? Bestimmt hast du dir gar nichts dabei gedacht. Aber dein Vater wollte verhindern, dass du mitmachst, und hat Frau Hoffmann informiert. Was meinst du? Könnte es so gewesen sein, Kira?“

„Nein!“ Ich schüttle heftig den Kopf. „Das ist alles totaler Quatsch! Ich habe meinem Vater kein Wort gesagt. Natürlich nicht! Wir hatten doch fest abgemacht, dass wir niemanden einweihen! Und mein Vater war auch nicht hier in der Schule. Das weiß ich ganz genau! Das hätte er mir doch erzählt!“ Wieder sehe in diese merkwürdig leeren Gesichter. Sie glauben mir nicht! Das spüre ich. Was ist denn nur los? Die meisten, die mich jetzt, ohne auch nur mit der Wimper zu zucken, zur Verräterin stempeln, waren doch gestern noch meine Freunde ... Manche kenne ich schon seit der Grundschule. Mensch, das gibt's doch gar nicht!

„Kira lügt nicht!", sagt Marie plötzlich. „Das müsst ihr doch wissen! Wenn Kira sagt, ihr Vater war am Freitag nicht hier, dann stimmt das auch."

Ich werfe Marie einen dankbaren Blick zu. Und plötzlich fällt mir etwas ein. Eine Superidee! Ich werde ihnen beweisen, dass sie sich irren. Ganz einfach! „Ich werde mit meinem Vater sprechen", sprudelt es aus mir heraus, „jetzt gleich! Er kann euch selber sagen, dass er am Freitag nicht hier war und dass er nicht mit Frau Hoffmann gesprochen hat!" Ich schaue in die Runde. Meine Stimme klingt schon wieder etwas fester. „Wer hat ein Handy dabei, das man richtig laut stellen kann? Dann könnt ihr alle mithören."

Wortlos wirft mir Ben seines herüber. Meine Hände zittern so sehr, dass ich Probleme habe, beim Wählen die richtigen Tasten zu erwischen. Glücklicherweise kenne ich die Nummer auswendig. Hoffentlich ist Papa in seinem Büro und nicht in irgendeiner Sitzung! Bitte. Bitte. Bitte!

Nach ein paarmal Klingeln meldet sich diese bescheuerte Abteilungssekretärin: „Jansen, Büro Kastner. Was kann ich für Sie tun?"

Ich versuche, die aufsteigende Panik in meiner Stimme zu unterdrücken. „Hallo, Frau Jansen, hier ist Kira Kastner. Könnte ich bitte meinen Vater sprechen? Es ist wichtig!"

„Tja, das ist im Moment eigentlich nicht so günstig. Er hat nämlich eine Besprechung …“ Sie zögert. „Aber gut, ich stelle dich kurz durch.“

Blöde Ziege. Immer muss die sich so anstellen.

„Kastner.“

Mein Vater. Himmel, bin ich froh! „Papa, hier ist Kira.“ Ich spüre selbst, wie klein und piepsig sich meine Stimme anhört.

„Aber Kira, was ist denn los? Bist du nicht in der Schule? Ich habe im Moment überhaupt keine Z…“

Ich schneide ihm das Wort ab. „Papa, ich habe nur eine einzige Frage: Sag mir bitte ganz ehrlich, ob du letzten Freitagvormittag hier in der Schule warst und ob du mit Frau Hoffmann gesprochen hast! Bitte, Papa!“

„Kira, was soll das denn jetzt?“ Die Stimme meines Vaters klingt verärgert. „Ja, ich war dort und ich habe Frau Dr. Hoffmann getroffen und ich …“

Den Rest höre ich nicht mehr. In der Klasse wird es laut, alle fangen gleichzeitig an zu reden, durcheinanderzurufen. Ich schalte das Handy aus und lasse es auf meinen Tisch fallen. Dann stürze ich zur Tür. Ich will nur weg! So schnell wie möglich verschwinden, bevor sie über mich herfallen! Ich renne den Gang hinunter.

Aber plötzlich packt mich jemand am Arm. „Kira, bleib stehen! Was ist denn los?"

Kai. Endlich. Aber jetzt ist es zu spät.

Er mustert mich kurz, dann zieht er mich auf die kleine Bank unter der Eingangstreppe. „Ich war eben im Sekretariat", erklärt er, „weil Mr Simpson heute später kommt. Autopanne oder so was. Nun sag schon, Kira, was ist denn passiert?"

„Frag Nico", stoße ich hervor. „Oder Miriam oder Ben oder Cem. Sie werden dir alle gleich erzählen, dass ich die große Verräterin bin! Dass *mein* Vater Frau Hoffmann informiert hat!"

Kai blickt mich ungläubig an. „Wie bitte? Wie kommen sie denn auf einen solchen Schwachsinn?"

Ich ziehe die Nase hoch. „Nico und Simon haben meinen Vater am Freitag hier in der Schule gesehen."

Kai schüttelt den Kopf. „Alle wissen genau, dass Nico dir gerne einen reinwürgen würde. Die erzählen doch nur Blödsinn!"

Ich schaue Kai verzweifelt an. „Es scheint aber zu stimmen! Ich habe gerade mit meinem Vater telefoniert. Und alle haben mitgehört. Er war am Freitag tatsächlich hier in der Schule!"

Irritiert starrt mich Kai an. „Und du wusstest nichts davon?"

„Nein, er hat mir kein Wort gesagt! Aber das glaubt mir ja sowieso keiner."

Kai überlegt. „Vielleicht war es purer Zufall, dass dein Vater hier war. Denk nach, was könnte er denn gewollt haben?"

„Da fällt mir beim besten Willen nichts ein. Er kommt sonst nie in die Schule, warum auch?" Ich zucke mit den Achseln. Mein Kopf ist völlig leer. Ich verstehe überhaupt nichts mehr. „Ich werde ihn nachher fragen. Wer weiß, vielleicht spreche ich im Schlaf und habe so all unsere Pläne verraten …" Ich kichere hysterisch. „Könnte doch sein, oder? Vielleicht kriege ich dann wenigstens mildernde Umstände und nicht gleich lebenslänglich Klassenknast!"

Kai fährt sich mit beiden Händen durchs Haar. Dann sieht er mich entschlossen an. „Komm, wir gehen jetzt zusammen zurück zu den anderen. Wir erklären denen, dass das alles totaler Schwachsinn ist. Es kann doch keiner ernsthaft glauben, dass du deine eigene Idee zerschlägst!"

„Genau das glauben sie aber! Sie glauben, dass das brave Töchterlein im letzten Moment Angst gekriegt hat!" Ich stehe auf. „Tut mir leid, Kai. Da kriegen mich jetzt keine zehn Pferde mehr rein. Das halte ich nicht aus! Ich haue ab. Sag Marie bitte, dass sie mir meine Sachen nachher vorbeibringen soll, ja?" Ich versuche ein Lächeln. „Wahrscheinlich sucht sie mich schon überall, die Ärmste! Und Mr Simpson kannst du sagen, dass mir schlecht geworden ist. Genauer gesagt: kotzübel! Dann lügst du noch nicht mal."

Kai nickt. „Okay, mach ich. – Kira?"

Ich drehe mich um, ungeduldig, will endlich weg hier. „Ja, was ist denn noch?"

Kai zögert. „Ich wollte dir nur sagen: Du hattest schon irgendwie recht, als du mir damals Feigheit vorgeworfen hast – gegenüber Nico, meine ich. Wahrscheinlich hatte ich wirklich Schiss, mich mit ihm anzulegen … Ich weiß es selbst nicht genau." Kai schaut an mir vorbei. „Manchmal ist es eben leichter, einen klugen Spruch zu machen und den Überlegenen zu mimen, verstehst du? Dann kann einem keiner was."

„Ach so." Ich weiß nicht recht, was ich zu Kais Geständnis jetzt sagen soll. In meinem Kopf tobt sowieso schon das reinste Chaos. Aber vielleicht erwartet Kai auch gar keinen klugen Kommentar von mir. Jedenfalls nicht im Moment.

Kai räuspert sich. „Rufst du mich später an, wenn du mit deinem Vater gesprochen hast?"

„Ja, mal sehen … Ich muss jetzt erst mal raus hier. Ich bin total fertig!"

„Kira?"

Ich bin schon halb an der Tür. „Ja?"

Kai sieht mich fest an. „Wir kriegen das schon wieder hin. Ich verspreche dir, dass in ein paar Tagen kein Mensch mehr glaubt, dass du was mit der Sache zu tun hast! Und dann machen wir am Schuljubiläum zusammen den Basar – und der wird ein großer Erfolg! Ganz sicher!"

Ich seufze laut. Den Basar hatte ich total vergessen. „Für mich gibt's keinen Basar mehr, Kai. Ich schmeiße das Ganze hin. Ende."

„Abwarten, Kira! Wir telefonieren."

Kai geht den Gang hinunter. Ich sehe ihm nach. Das überweite Sweatshirt schlabbert um seinen Körper. Er hat nicht eine einzige Sekunde an mir gezweifelt ... Hoffentlich bleibt das auch so, wenn er mit den anderen gesprochen hat.

9

Der Schulhof ist menschenleer. Ich steuere mein Fahrrad an, bis mir einfällt, dass der Schlüssel in meinem Rucksack steckt. Und der ist noch oben im Klassenzimmer. Egal, dann laufe ich eben nach Hause. Ich versuche, tief durchzuatmen, mich zu konzentrieren. Was nun? Ob ich Papa noch mal anrufe? Jetzt könnte ich wenigstens in Ruhe mit ihm sprechen. Wie konnte er nur in die Schule kommen, ohne mir das vorher zu sagen? Andererseits wusste er ja nicht, was wir vorhatten. Er hatte keine Ahnung, was für einen unglücklichen Tag er sich ausgesucht hatte. Oder doch? Habe ich vielleicht, ohne es selbst zu merken, irgendetwas ausgeplaudert oder etwas Verdächtiges liegen lassen? Ich zermartere mir das Hirn, aber mir fällt nichts ein. Außerdem bin ich sicher, dass Papa zuallererst mit mir selbst gesprochen hätte. Niemals wäre er hinter meinem Rücken zu Frau Hoffmann gerannt, um uns anzuschwärzen. Das ist doch total absurd! Welcher Vater würde seiner Tochter denn so was antun?

Plötzlich kommt mir ein Gedanke, ein quälender Gedanke: Außer wenn dieser Vater nicht wollte, dass besagte Tochter mitkriegt, dass er der Informant ist … Aber dann hätte Papa Frau Hoffmann doch angerufen und wäre nicht extra in die Schule gekommen. Und dann hätte er eben am Telefon doch auch geleugnet, hier gewesen zu sein! Ach, alles Unsinn! Natürlich hätte Papa das Schuleschwänzen und unsere öffentliche Aktion für *Estrela da rua* auf dem Marktplatz unmöglich gefunden, aber niemals hätte er so einen Wahnsinnsaufstand darum gemacht!

Ich rufe ihn an. Jetzt gleich. Ach, verdammt, mein Handy ist ja auch in meinem Rucksack. Prima! Also muss ich doch nach Hause und von da aus anrufen. Ich muss es schaffen, aus Papa herauszukriegen, wieso er am Freitag bei uns in der Schule war, ohne dass ihm auffällt, wie wichtig seine Antwort für mich ist. Schließlich soll er noch immer nichts von der ganzen Geschichte erfahren. Sein entsetztes Gesicht und die nachfolgende Predigt könnte ich heute wirklich nicht mehr ertragen! So viel ist sicher.

Zu Fuß ist der Weg nach Hause ganz schön weit. Ich gehe schnell. Hoffentlich ist Mama da! Mein Wohnungsschlüssel steckt nämlich auch im Schulrucksack. Normalerweise hat Mama montags frei, die Chancen, dass sie zu Hause ist, stehen also nicht schlecht. Aber zur Not hat unsere Nachbarin auch einen Schlüssel.

Meine Mutter öffnet die Tür und mustert mich erstaunt. „Kira, was machst du denn hier?"

Zum Glück fällt ihr nicht auf, dass ich meinen Rucksack nicht dabeihabe. „Ich bin gegangen", erkläre ich, „mir ist irgendwie schlecht."

„Tatsächlich?" Mama fühlt prüfend meine Stirn. „Fieber hast du nicht, aber du siehst ganz schön blass aus! Komm, leg dich erst mal aufs Sofa."

„Ja, gleich." Unschlüssig laufe ich im Wohnzimmer hin und her. Was mache ich denn jetzt? Ich will mich nicht hinlegen. Ich will Papa anrufen und ihn wegen Freitag fragen. Aber dann müsste ich Mama erklären, wieso das jetzt so wichtig ist und woher ich überhaupt weiß, dass er da war und … Ich habe keine Kraft mehr, mir irgendwelche Ausreden und Geschichten einfallen zu lassen.

Ach, warum ist das alles so kompliziert? Kraftlos lasse ich mich aufs Sofa fallen und schließe die Augen.

„Ich mache dir einen Pfefferminztee, Kira!", ruft Mama aus der Küche. Sie lacht leise. „Du hast heute in der Schule sicher eine Überraschung erlebt, was?"

Ich richte mich alarmiert auf. Wovon redet sie denn? „Was für eine Überraschung meinst du?", frage ich.

„Na, in eurem Kellerraum", erklärt Mama. „Oder warst du heute noch gar nicht unten? Ach, was rede ich denn bloß … Natürlich nicht, wenn es dir nicht gut ging und du gleich wieder nach Hause bist! Schade, jetzt ist es morgen keine Überraschung mehr …"

Was quasselt meine Mutter denn da für ein verworrenes Zeug zusammen? „Was ist denn nun im Kellerraum?", hake ich nach.

Meine Mutter hält mir den Becher mit dem dampfenden Tee entgegen. Sie lächelt. „Dein Vater hat sich tatsächlich von dem Rosengeschirr getrennt. Du weißt schon, das wunderschöne Geschirr von Uroma Else. Papa hat sich doch noch entschlossen, es für euren Basar zu spenden!"

„Ja, und?" Ich kapiere immer noch nicht.

Meine Mutter lächelt. „Na ja, er hat es am Freitag heimlich in die Schule gebracht. Ich glaube, als kleine Wiedergutmachung für die Geschichte mit dem Kellerraum. Du hattest dich ja sehr über Papas Einmischung geärgert. Kira, hörst du mir überhaupt zu?"

Am Freitag, am Freitag – schlagartig wird mir alles klar! Ich könnte fast lachen, so einfach ist die Lösung. „Und Papa hat das Geschirr bei Frau Hoffmann abgegeben?"

Meine Mutter zuckt mit den Achseln. „Ich weiß nicht, ich denke schon. Papa wusste ja nicht, wo euer Raum ist. Die Sekretärin hat anscheinend versprochen, das Geschirr runterzubringen und zu euren Sachen zu stellen. Wir dachten, das ist eine schöne Überraschung für dich, wenn es heute einfach dasteht!"

Ja, eine ganz tolle Überraschung. In der Tat.

Mama schaut mich strahlend an. „Ist das nicht lieb von Papa? Freust du dich nicht?"

„Doch, doch, das ist echt schön! Das Geschirr verkaufen wir bestimmt." Ich richte mich auf. „Sei mir nicht böse, Mama. Ich lege mich lieber rüber in mein Zimmer. Vielleicht kann ich ja ein bisschen schlafen."

„Mach das!" Mama streicht mir über die Wange. „Ist sonst alles in Ordnung, Mäusezahn? Du siehst wirklich nicht gut aus."

Für einen Moment lasse ich mich an Mamas Schulter sinken. Mein Gesicht in ihrer Halsbeuge, atme ich den vertrauten Duft ihres Parfums ein.

Leicht streicht ihre Hand über meinen Rücken. „Leg dich ruhig ein bisschen hin, Kira! Ich gehe nur kurz einkaufen und schaue dann wieder nach dir, ja?"

„Hm." Ich gehe langsam in mein Zimmer, schlüpfe aus der Jeans und sinke ins Bett. Ganz fest rolle ich mich in meine Decke, schließe die Augen, versuche die Bilder aus meinem Kopf zu verdrängen, die Stimmen nicht mehr zu hören. Aber es gelingt mir nicht. Pia, Cem, Nico, Miriam, Ben … wie sie alle über mich hergefallen sind! Wie leicht sie bereit waren zu glauben, dass ich sie verraten habe! Nachdem Nico und Simon von der Begegnung mit meinem Vater berichtet hatten, hat ja gar keiner mehr eine andere Möglichkeit in Betracht gezogen! Wahrscheinlich hatte Nico Papas Auftauchen vor dem Sekretariat möglichst mysteriös dargestellt … und das reichte dann auch schon, um den Fall für alle ruckzuck klarzumachen: Kira ist die böse Verräterin! Wer sonst?

Endlich kann ich in Ruhe heulen, muss mich nicht mehr zusammenreißen und Haltung bewahren! Aber jetzt ist es sowieso nicht mehr wichtig, was die anderen über mich denken, weil ich ohnehin unten durch bin … Das Ganze heute, das war wie eine Hexenjagd! Ich hatte doch gar keine Chance! Die hatten sich ja alle richtig auf mich eingeschossen!

Ich zermartere mein Hirn: Hätte ich auch so leicht mit dem Finger auf einen der anderen gezeigt und ihn zum Schuldigen erklärt? Ich kann es mir nicht vorstellen. Aber ganz sicher bin ich mir nicht … Vielleicht hätte ich mich ja auch von der allgemeinen Stimmung mitreißen lassen, jedenfalls für einen Moment. Aber hinterher hätte es mir leidgetan. Ganz bestimmt.

Ob es den anderen auch schon leidtut? Aber das kann ich eigentlich nicht glauben, so verbissen, wie die alle waren …

Irgendwann muss ich tatsächlich eingeschlafen sein, denn als ich aufwache, sitzt Marie an meinem Bett. Sie streichelt meine Hand. „Mensch, Kira, was machst du denn für Sachen? Deine Mutter hat mir gesagt, du wärst richtig krank! Sie wollte mich gar nicht zu dir lassen. Aber ich habe mich durchgesetzt." Letzteres sagt Marie nicht ohne Stolz.

Ich lächle. „Schön, dass du gekommen bist."

„Geht's dir besser?"

„Weiß nicht, das Ganze war doch wie ein schlechter Film, oder nicht? Wie ging's denn weiter, als ich weg war?"

Marie zuckt mit den Achseln. „Das habe ich auch nicht genau mitgekriegt. Ich bin ja erst mal raus und dir hinterhergerannt, aber du warst wie vom Erdboden verschluckt. Kai hat dann erzählt, dass er dich getroffen hat. Wir sind zusammen zurück in die Klasse."

Ich setze mich im Bett auf. „Ja, und dann? Erzähl schon!"

Marie macht eine unbestimmte Handbewegung. „Es gab Zoff. Kai hat Miriam, Nico und den anderen vorgeworfen, dass sie dich fertiggemacht haben, ohne dass auch nur im Geringsten klar ist, was eigentlich passiert ist. Na ja, und diesen Vorwurf wollten die natürlich nicht auf sich sitzen lassen. Aber Nele und Pia sahen ziemlich bedröppelt aus. Ich glaube, denen war schon klar, dass sie Mist gebaut hatten, dass Nico sie benutzt hat, um dich fertigzumachen." Marie lächelt schief. „Ich meine, schließlich sind die beiden doch deine Freundinnen … jedenfalls waren sie es bis heute Morgen."

Ich starre an die Decke. „Schöne Freundinnen …"

Dann erzähle ich Marie die Geschichte mit meinem Vater und dem Geschirr. „Na also", sagt Marie triumphierend. „Dann wird sich doch morgen alles aufklären und der Verdacht gegen dich in Luft auflösen."

Ich schüttle mutlos den Kopf. „Da bin ich mir nicht so sicher."

„Aber wieso? Das Geschirr steht im Kellerraum. Jeder kann sehen, warum dein Vater am Freitag in der Schule war."

„Ich könnte das Geschirr doch auch heimlich eingeschmuggelt haben, um mir, beziehungsweise meinem Vater, nachträglich ein Alibi zu verpassen", antworte ich niedergeschlagen.

„Mensch, Kira!" Marie sieht mich besorgt an. „Langsam spinnst du wirklich! Du brauchst doch kein Alibi! Echt, wir sind doch nicht im Krimi!"

Ich lasse mich zurück ins Kissen fallen. „Genau so fühle ich mich aber, Marie …"

Am liebsten würde ich mich ein paar Tage zu Hause einbuddeln. Schlecht genug fühle ich mich. Aber hier, unter dem besorgten Blick meiner Mutter, baue ich nur noch mehr Horror auf: Werden die Verdächtigungen und Anfeindungen morgen in der Schule weitergehen? Oder hat Marie recht mit ihrer Behauptung, dass viele längst eingesehen haben, dass sie zu weit gegangen sind? Ich habe keine Ahnung!

Wieder wird es schlagartig totenstill, als ich am nächsten Morgen mit Marie in die Klasse komme. Wieder sind alle Augen auf mich gerichtet, aber dieses Mal wenden sich die meisten schnell ab, flüstern miteinander oder tun sonst irgendwie beschäftigt. Ben, Miriam, Cem, Nele … keiner feindet mich offen an, aber es kommt auch keiner auf mich zu. Es ist, als wäre ich von einer unsichtbaren Mauer umgeben.

Ich fange an, mit Marie belangloses Zeug zu reden, bin verzweifelt bemüht, mich normal zu benehmen. Aber erschreckenderweise kann ich mich kaum noch daran erinnern, wie das eigentlich geht! Seit gestern scheint sich alles verändert zu haben.

Nach einer Weile kommt Kai zu mir herüber. Er hockt sich neben meinen Stuhl, während wir reden, um nicht auf mich herunterschauen zu müssen. Aber auch diese Geste hat etwas Künstliches an sich, etwas Demonstratives: Schaut her, ich halte zu ihr! Oder bilde ich mir das nur ein?

„Alles okay, Kira?"

Ich nicke. Ich habe Kai gestern Abend noch angerufen. Er weiß also inzwischen von der ganzen unglückseligen Geschirrgeschichte. Aber die anderen hier im Raum kennen die neue Version nicht. Für sie gelten noch die gleichen Fakten wie gestern – wie man sieht.

Plötzlich richtet sich Kai auf und schaut in die Runde. „Könnt ihr mal kurz herhören? Es gibt Neuigkeiten!"

Verdammt, was kommt denn jetzt? Was hat Kai vor?

Kai räuspert sich kurz. Dann erzählt er den anderen in kurzen Worten, warum mein Vater am Freitag wirklich in der Schule war. „... das Geschirr steht in unserem Kellerraum. Wer will, kann sich gerne selbst davon überzeugen."

„Da wäre aber noch was ..." Nico schnipst mit den Fingern, als wären wir im Unterricht und Kai der selbsternannte Oberlehrer. „Als Simon und ich den Kastner getroffen haben, da hatte er komischerweise gar kein Paket dabei!"

Ich schnappe nach Luft. Nicht zu fassen! Der gibt wohl nie auf ...

Kai zuckt genervt mit den Achseln. „Was soll das, Nico? Dann hatte Kiras Vater das Paket vielleicht am Eingang abgestellt, weil er dachte, dass er es sowieso in den Keller bringen muss. Oder er hat es im Auto gelassen, bis er wusste, wohin er es bringen sollte. Dafür kann es unzählige Erklärungen geben." Kai schaut in die Runde. „Ich hoffe, damit können wir dieses nervige Thema beenden! Und ich denke, einige von euch sollten sich jetzt bei Kira entschuldigen."

Miriam kichert leise. „Hört, hört! Es ist ja wirklich rührend, Kai, wie du dich hier für Kiras Verteidigung ins Zeug legst. Fehlt nur noch, dass du jetzt den bösen Nico zum Zweikampf aufforderst, um Kiras verletzte Ehre wiederherzustellen ..."

Nun fangen auch andere an zu lachen. In einigen Ecken wird leise getuschelt.

Aus den Augenwinkeln sehe ich, dass Kai rot anläuft. Verlegen starre ich auf mein Pult. Ich fühle mich entsetzlich! Ich weiß ja, dass Kai es gut gemeint hat, aber wir sind hier nicht beim Kindergeburtstag. Nun-gebt-euch-schön-die-Hand-und-vertragt-euch-wieder – das funktioniert nicht mehr. Dafür ist die Situation schon viel zu verfahren. Das muss Kai doch auch kapieren!

Bevor noch irgendjemand einen dummen Spruch loslassen kann, kommt Frau Walter herein. Dankbar krame ich Schreibzeug und Bücher heraus. Ich hätte nie geglaubt, dass ich Mathematik mal irgendwann als Erlösung betrachten würde.

Aber meine Freude über die Unterbrechung hält nicht lange an. Als ob ich nicht schon genug gestraft wäre, nimmt mich Frau Walter gleich am Anfang zweimal dran, aber ich bin innerlich so weit weg, dass ich gar nicht kapiere, was sie eigentlich von mir will. Frau Walter seufzt und holt Leon an die Tafel. Da weiß sie wenigstens, dass sie eine brauchbare Antwort kriegt.

Auch an diesem Vormittag schleppt sich der Unterricht endlos dahin. Ich bin froh, dass ich mich in der großen Pause mit Marie in unseren Basarraum zurückziehen kann. Hier werden Nico und Co mit Sicherheit nicht aufkreuzen! Doch auch von den anderen, die noch letzte Woche unsere vollgestopfte Kammer mit ihrem Lachen und Gequassel erfüllt haben, lassen sich heute nur Oliver und Pia sehen. Immerhin!

Keiner spricht ein Wort. Wir arbeiten still vor uns hin: Gläser polieren, Klamotten sortieren, abstauben … Ich bin froh, etwas zu tun zu haben. Dabei ist der Basar für mich in unendliche Ferne gerückt. Ich kann mir im Moment überhaupt nicht vorstellen, in vier Tagen gut gelaunt hinter einem bunt geschmückten Stand zu stehen und irgendwelchen Leuten begeistert all dieses Zeug hier zu verkaufen. Wie soll das gehen? Zurzeit würde ich mich am liebsten immer nur verkriechen.

Notfalls muss Kai das Ding allein durchziehen, so wie ich es ihm schon gestern im allerersten Schock angekündigt habe. Vielleicht kann ich ihm ja hinter den Kulissen helfen – aber reden, verkaufen, gut gelaunt und engagiert für *Estrela* werben, das bringe ich einfach nicht! So viel ist sicher.

Pia wischt schon eine ganze Weile stumm an dem Rosengeschirr herum, obwohl das nun wirklich supersauber ist. Immer wieder linst sie zu mir herüber und plötzlich platzt es aus ihr heraus: „Es tut mir so leid, Kira! Ich weiß echt nicht, was gestern los war. Mensch, ich kenne dich doch! Ich weiß, dass du so eine Schweinerei nie machen würdest! Aber irgendwie erschien plötzlich alles so logisch … Und dann noch dein Vater am Telefon … Ach Mist, es ist nun mal passiert …" Pia versucht ein schiefes Grinsen. „Kannst du mir verzeihen?"

Ich weiche ihrem zerknirschten Blick aus, betrachte konzentriert meine Fingernägel, überlege. „Und jetzt glaubst du plötzlich nicht mehr, dass ich irgendwas mit der Sache zu tun habe?", frage ich schließlich zweifelnd.

Pia schüttelt energisch den Kopf. „Nein, natürlich nicht! Und die anderen werden bald genauso sicher sein wie ich."

„Ich habe den Quatsch sowieso nie geglaubt!" Mit hochroten Ohren kommt Oliver zu uns herüber. „Ich habe mich gestern nur nicht getraut, was zu sagen." Oliver malt mit dem Fuß unsichtbare Kreise auf den Boden. „Ich hatte Angst, die machen mich genauso fertig wie dich."

„Es war ja auch wirklich eine fiese Situation", sage ich matt.

„Vor allem ja wohl für dich, Kira!" Maries Stimme ist schneidend.

Wir wechseln einen Blick. Marie ist offensichtlich nicht so schnell bereit, Pia und Oliver zu verzeihen. Ich eigentlich auch nicht. Das wird dauern! Aber ich bin trotzdem erleichtert, dass der Wall gegen mich langsam zu bröckeln scheint.

Plötzlich fällt mir auf, dass hier einer fehlt. „Wo ist eigentlich Kai?", wundere ich mich.

Die anderen drei wissen es nicht. Und das Merkwürdige ist, dass Kai auch in der nächsten Unterrichtsstunde nicht auftaucht. Missbilligend mustert Frau Lahnstein Kais leeren Stuhl und schreibt dann mit wichtiger Miene einen Eintrag ins Klassenbuch. Zu albern! Dass Frau Lahnstein sich auch immer so anstellen muss …

Und dann kommt Kai plötzlich doch noch. Im Vorbeigehen lächelt er mir zu und zischt leise: „Jetzt hat sich wirklich alles geklärt, Kira. Du wirst staunen!"

Sprachlos starre ich ihm nach. Was soll das denn nun wieder heißen?

Kaum ist die Biolehrerin zur Tür hinaus, springe ich auf und gehe zu Kai hinüber. „Wie hast du das gemeint? Was hat sich geklärt? Und wo warst du eben überhaupt?"

„Ich habe mit Herrn Lebert gesprochen. Und ich weiß jetzt, wie unser Plan aufgeflogen ist!"

„Du hast was gemacht?" Ich starre Kai ungläubig an.

„Es ging doch nicht anders, Kira! Ich musste mich an unseren Vertrauenslehrer wenden. Du hast doch auch gemerkt, dass wir aus der Situation hier nicht alleine rauskommen. Es ist alles völlig verfahren. Solange wir nicht wissen, was eigentlich schiefgegangen ist am Freitag, solange werden die Verdächtigungen fröhlich weitergehen. Das Klima hier in der Klasse ist doch völlig vergiftet. Verdammt, es musste doch etwas geschehen!"

Ich blitze ihn an. „Kann ja sein, aber warum hast du mich nicht gefragt, ob ich zu dem Gespräch mit Herrn Lebert mitkommen will?"

Kai stützt den Kopf in die Arme. „Mensch, kapierst du das nicht, Kira? Du bist doch viel zu tief drin in der Sache! Wenn du mit Herrn Lebert gesprochen hättest, hätte es hinterher geheißen, dass er versucht, dich zu decken oder was auch immer. Irgendjemandem wäre mit Sicherheit wieder ein mieser Vorwurf eingefallen, meinst du nicht? Außerdem habe ich mich ganz spontan entschlossen, zu ihm zu gehen, weil ich den Druck hier nämlich nicht mehr ausgehalten habe – falls du dir das vorstellen kannst!"

Überrascht schaue ich Kai an. Stimmt schon, bisher habe ich immer nur meine eigene Rolle in diesem blöden Spiel gesehen, bin ganz selbstverständlich davon ausgegangen, dass das alles an Kai abperlt wie Regenwasser auf einem frisch gewachsten Auto. Aber offenbar habe ich mich geirrt. Anscheinend habe ich ein so starres, festgefahrenes Bild von Kais unerschütterlicher Ruhe in meinem Kopf, dass ich gar nicht merke, wenn sich daran was ändert. Dabei hat Kai mir gegenüber doch sogar zugegeben, dass sein zur Schau gestelltes Über-den-Dingen-Stehen oft nur ein Schutzschild für ihn ist.

Ich seufze. „Du hast schon recht. Es ist wirklich besser, dass ich nicht mit zu Herrn Lebert gegangen bin." Und dann packe ich Kai plötzlich aufgeregt am Ärmel. Aus unerfindlichen Gründen ist seine eigentliche Information nämlich erst jetzt zu meinem Hirn durchgedrungen. „Sag schon: Wer war's? Ich meine, du weißt es doch jetzt: Wer hat unseren Plan wirklich verraten?"

Kai schüttelt den Kopf. „Es ist nicht so, wie du denkst! Ich erkläre es gleich. Später ..." Er deutet vielsagend nach vorn.

Oje, ich habe überhaupt nicht bemerkt, dass Mr Simpson bereits an der Tafel steht und ungeduldig mit den Füßen scharrt. „Würdest du dich jetzt bitte hinsetzen, Kira!"

Ich eile auf meinen Platz. Verdammt, kann dieser Mr Simpson nicht mal fünf Minuten später kommen? Ich brenne darauf zu erfahren, was wirklich passiert ist! Am liebsten würde ich einfach aufstehen und Kai am Kragen auf den Flur zerren, damit er mir jetzt sofort und auf der Stelle erzählt, was er weiß!

Ich halte es kaum aus! Immer wieder schaue ich zu Kai hinüber. Vielleicht gibt er mir ja irgendein Zeichen? Nein, er lässt mich schmoren, blickt stur nach vorn, ist scheinbar ganz auf den Unterricht konzentriert. Nur einmal dreht er sich um und zwinkert mir zu. Prima, dafür kann ich mir auch nichts kaufen! Ich schneide ihm eine Grimasse.

„Kai weiß, wer's war!", flüstere ich Marie zu.

Sie blickt mich erschrocken an. „Echt?"

„Ruhe da hinten, bitte!" Boah, dieser Mr Simpson!

Endlich klingelt es zur Pause. Ich habe den Eindruck, die letzten Tage und Wochen ständig ungeduldig auf irgendein Pausenläuten gewartet zu haben. Schrecklich!

Wann hat das eigentlich angefangen? Mit der Klassensprecherwahl? Ich kann es nicht mehr genau sagen. Und dann passiert noch etwas, was sich im Moment ständig zu wiederholen scheint: Kai steht auf und bittet uns, nicht gleich runter in den Pausenhof zu stürmen, sondern einen Moment hierzubleiben und ihm zuzuhören.

Ein allgemeines, demonstratives Aufseufzen ist die Antwort. Füße scharren, Stühle werden geschoben. Kais Bitte wird komplett ignoriert, kam eben einfach zu oft in letzter Zeit. Alles drängt zur Tür.

Kai muss fast schreien, um das Stimmengewirr zu übertönen: „Bleibt doch hier! Ich weiß jetzt, wer Frau Hoffmann letzten Freitag über unseren Plan informiert hat!"

Das Gemurmel ebbt ab. Alle bleiben stehen, starren Kai an. Misstrauisch. Abwartend. Neugierig.

„Wieso weißt du das plötzlich?", fragt Miriam vorsichtig.

„Der erzählt doch nur wieder irgendwelchen Scheiß!", ruft Nico dazwischen. „Kommt, wir hauen ab!"

Aber keiner rührt sich.

„Nun sag schon, was du weißt, Kai!", verlangt Nele.

Kai setzt sich auf die Kante seines Tischs und atmet tief durch. „Ich war vorhin bei Herrn Lebert", berichtet er. „Diese gegenseitigen Verdächtigungen hier, die Anfeindungen gegenüber Kira … das war ja nicht zum Aushalten! Ich hätte es nie für möglich gehalten, dass so was in unserer Klasse passieren kann. Deswegen habe ich mir Hilfe geholt."

„Ja, und was hast du rausgekriegt? Nun spann uns nicht auf die Folter!", ruft Ben ungeduldig.

Kai winkt ab. „Ich war mir ziemlich sicher, dass Frau Hoffmann mit Herrn Lebert über die Vorfälle in unserer

Klasse gesprochen hat. Schließlich ist er Vertrauenslehrer. Ich habe Herrn Lebert gesagt, dass bei uns eine Art Hexenjagd ausgebrochen ist, die so weitergehen wird, wenn wir nicht restlos klären, was eigentlich passiert ist. Deswegen, und nur deswegen, war er bereit, mir die Zusammenhänge zu erläutern. Herr Lebert wird später wahrscheinlich auch noch mal selber mit uns reden." Kai hält kurz inne. „Also, jetzt kommt's: Herr Lebert hat mir erklärt, dass Frau Hoffmann die entscheidende Info von einer Freundin hatte, einer früheren Studienkollegin, die jetzt an einer Grundschule unterrichtet."

„Ja, und woher wusste diese Freundin von unserem Plan?", drängt Pia.

Kai verdreht die Augen. „Ich möchte es euch ja gerade erklären … Also: Diese Freundin hat zufällig mitgekriegt, wie ein Junge aus ihrer Klasse seinen Freunden von unserem Plan erzählt hat. Der Junge nannte wohl gleich zu Anfang den Namen unserer Schule, deshalb ist diese Lehrerin überhaupt aufmerksam geworden, aber der Kleine kannte auch Details unseres Plans, einige unserer Namen, den Termin und was wir vorhaben. Als die Lehrerin ihn darauf ansprach, wollte er erst nicht raus mit der Sprache. Aber irgendwann hat er ihr dann eben gestanden, dass er ein Telefonat seines älteren Bruders belauscht hat. Ich weiß nicht, ob er schlicht an der Tür gehorcht oder von einem anderen Apparat aus mitgehört hat. Ist ja auch egal." Kai schweigt einen Moment. „Aber so ist das Ganze rausgekommen. Es war purer Zufall!"

„Und wessen Bruder war das?", fragt Miriam.

Es ist ganz still in der Klasse. Alle warten auf Kais Antwort.

Der holt tief Luft. „Ich nenne euch den Namen nur, weil die gegenseitigen Verdächtigungen sonst weitergehen würden. Es war Pascal, der kleine Bruder von Nico."

Einen Moment lang bin ich ganz starr. Dann wirble ich zu Nico herum. Die anderen tun das Gleiche. Alle Augen sind auf ihn gerichtet.

Nicos Gesicht färbt sich abwechselnd rot und blass. Er sieht Kai direkt in die Augen. „Du lügst. Das ist unmöglich!", stammelt er. „Das ist ein Komplott!"

Kai hält Nicos Blick stand. „Es ist die Wahrheit. Warum sollte Frau Hoffmann lügen?"

Nicos Hände krallen sich um einen Stuhl. „Warum wohl?", schreit er plötzlich los. „Weil sie mich fertigmachen will! Weil mich alle hier fertigmachen wollen!"

„Red keinen Mist, Nico!", ruft Ben. „Wenn hier einer andere fertigmacht, dann bist du das!"

„Du hast uns so lange belabert, bis wir echt geglaubt haben, dass Kira uns verraten hat", sagt Pia wütend. „Und jetzt stellt sich raus, dass du selber die undichte Stelle gewesen bist!"

Cem lacht hämisch auf. „Kira hatte recht, du bist eben voll blöd."

Ben nickt. „Du bist so blöd, dass du dich von deinem kleinen Bruder belauschen lässt! Du bist der Verräter, Nico, du hast …"

In meinem Kopf dreht sich alles. Viel zu schnell dreht es sich. Wie in einem führerlosen Karussell.

Und dann schreie ich: „Hört auf! Hört sofort auf damit!" Ich erschrecke selbst vor dem grellen Klang meiner Stimme.

Erstaunt wenden sich alle zu mir um.

Ich schüttle den Kopf. „Merkt ihr denn nicht, dass ihr genauso weitermacht wie gestern bei mir? Was soll das? Nico trifft überhaupt keine Schuld! Es war doch purer Zufall, dass gerade er es war, der belauscht wurde. Verdammt, das hätte jedem von uns genauso gehen können, kapiert ihr das nicht?"

Noch immer starren mich die anderen verwundert an.

„Wieso verteidigst du ihn plötzlich?", fragt Ben. „Nach all dem Zoff, der zwischen euch war."

„Mensch, weil ich will, dass dieses Psychogemetzel hier endlich aufhört!", rufe ich. „Seid doch mal ehrlich: Habt ihr etwa nie mit irgendjemandem am Telefon über unsere Pläne gesprochen? Also ich schon! Ich habe mehrmals mit Marie deswegen telefoniert, und mit Kai auch. Wir drei hätten genauso gut belauscht werden können. Und jeder einzelne von euch doch wohl auch! Wer kann denn ahnen, dass die Lehrerin von Nicos Bruder ausgerechnet eine Busenfreundin von Frau Hoffmann ist?"

Einen Moment bleibt es still.

Dann zuckt Nele mit den Achseln. „Kira hat recht. Ich habe auch eine Nervensäge von Schwester, die ständig mit dem Ohr an meiner Tür klebt."

„Stimmt schon, mir hätte das Gleiche passieren können", gibt Pia zu.

Leon, Nadine und Fatma zögern zuerst, dann nicken sie.

„Also, was soll's?"

„Ist ja jetzt auch egal …" Ben und Cem stehen auf und verlassen das Klassenzimmer.

Nach und nach schlendern alle in kleinen Grüppchen hinaus.

Ich wechsle einen langen Blick mit Kai. Ist der Spuk jetzt wirklich vorbei? So schnell? Ich kann es noch gar nicht glauben! Aber es sieht ganz so aus …

Als ich später mit Marie und Kai auf dem Flur stehe, sehe ich Nico. Er geht direkt an uns vorbei. Ganz plötzlich wendet er sich um und für eine Sekunde treffen sich unsere Blicke. Den verwunderten Ausdruck seiner Augen werde ich nicht so schnell vergessen …

10

Und dann vergehen die Tage wie im Flug.

Jetzt steht das Schuljubiläum wirklich vor der Tür und es gibt noch total viel vorzubereiten: Der Standaufbau muss geregelt und organisiert werden, wir brauchen Wechselgeld, Packpapier für Porzellan und all das andere zerbrechliche Zeug, die Listen für den Standdienst müssen geschrieben und abgestimmt werden, außerdem fehlen noch fast alle Preisschilder und das gesamte Infomaterial zu *Estrela da rua*.

Es scheint kein Ende zu nehmen.

Aber dann ist es so weit.

Das Schuljubiläum beginnt am Samstagvormittag mit einem Festakt in der Aula. Zuerst gibt es diverse, glücklicherweise kurz gehaltene Reden, dann ein paar Sketche und schließlich ein Theaterstück über die Geschichte der Sophie-Scholl-Schule. Die Stimmung ist von Anfang an bestens! Und auch der Basar läuft gut. An unserem Stand herrscht manchmal ein richtiges Gedränge. Er sieht aber auch wirklich toll aus! Pia und Lukas haben von irgendwoher einen Ballen dunkelgrünen Samt organisiert. Auf diesem edel schimmernden Stoff wirken unsere Flohmarktsachen gleich doppelt so schön! Das Pop-Art-Kleid meiner Mutter geht gleich zu Anfang weg. Ich habe gar nicht mitgekriegt, wer es gekauft hat, weil ich gerade Tesafilm aus unserem Kellerraum holen musste.

„Was war das denn für eine Frau, die das Kleid gekauft hat?“, will ich später von Kai wissen.

Der grinst. „Tja, ich würde sagen, sie hatte eine echt verblüffende Ähnlichkeit mit deiner Mutter!“

Ich puffe ihn in die Seite. „Komm, du spinnst! Echt? Das gibt's doch nicht!"

Kai nickt. „Keine Sorge, sie hat es ganz normal bezahlt. Den vollen Preis. *Estrela* geht kein Geld verloren."

Ich strahle übers ganze Gesicht. Wie lieb von Mama! Sie wusste genau, wie gern ich es behalten wollte. Ich seufze. „Das Kleid habe ich mir aber echt verdient, findest du nicht?"

„Das kann man wohl sagen …" Kai lächelt, dann zeigt er auf das obere Regal. „Schau mal, die Marionetten sind schon alle verkauft, der Smoking und dieses komische Paillettenjäckchen von Olivers Tante sind weg und auch das …", Kai macht eine bedeutungsvolle Pause, „… das Rosengeschirr!"

„Bloß gut, dass ich das nicht mehr sehen muss", atme ich auf. „Es würde mich immer an diese blöde Geschichte erinnern." Plötzlich kommt mir ein schrecklicher Gedanke. „Das Geschirr hat doch nicht etwa mein Vater zurückgekauft, oder?"

Kai schüttelt den Kopf. „Nein, das hat die Frau von unserem guten Mr Simpson erstanden. Für ihre Teestunden, wie sie mir erzählte." Kai wuchtet eine Kiste auf die Verkaufstheke und fängt an, Gläser auszupacken. „Und weißt du, was sie noch meinte?"

„Du wirst es mir sicher gleich sagen."

Kai grinst wieder. „Wie fantastisch doch der Zusammenhalt in unserer Klasse sei! Wie gut wir uns offensichtlich alle verstehen! So eine Einigkeit sei doch heutzutage wirklich sehr selten – meinte Mrs Simpson."

Sprachlos starre ich Kai an. „Und was hast du dazu gesagt?"

Er zuckt mit den Achseln. „Was schon? Ich habe ihr recht gegeben ... Komm Kira, in den letzten Tagen ist doch alles gut gelaufen!"

Das stimmt, über mangelnde Unterstützung bei den Basarvorbereitungen konnten wir uns echt nicht beklagen. Nele, Pia, Philipp und Oliver, sogar Ben, Miriam und Fatma ... und viele andere aus unserer Klasse haben sich mit Hilfsangeboten förmlich überschlagen. Und wir konnten ja wirklich jede Hand gebrauchen.

Über die Ereignisse der letzten Woche hat kaum noch jemand ein Wort verloren. Ich glaube, das wollten alle gerne verdrängen und mit der gemeinsamen Basaraktion irgendwie auch sich selbst beweisen, dass alles wieder gut ist – dass in unserer Klasse eigentlich alles in Ordnung ist!

Aber ich kann nicht so schnell vergessen! Es wird noch ein Weilchen dauern, bis ich das verdaut habe. Da bin ich mir sicher.

„Schau mal, dort drüben!" Kai deutet über meine Schulter. „Da kommen zwei Frauen von der Presse und ein Fotograf ist auch dabei. Die steuern zielsicher auf unseren Stand zu. Dein Papa wird zufrieden sein! Seine Kira in der Zeitung! Komm, stell dich schon mal in Positur!"

„Idiot!" Ich ziehe eine Grimasse. „Ich muss mich nicht in der Zeitung bewundern. Dieses Feld überlasse ich gnädig Miriam. Sie hat ja jetzt sowieso Standdienst, stimmt's?"

Kai schaut auf unseren Plan. „Du hast recht. Ah, da kommt sie schon!"

Ganz klar: Miriam hat die herannahenden Presseleute auch schon bemerkt, denn ihr Lippenstift ist frisch aufgetragen und ihre Haare fallen besonders locker und üppig über ihren Rücken. Offensichtlich hat sie sie gerade gebürstet!

Ich seufze. Für Miriams Haare würde ich echt einiges geben! Ohne es zu wollen, fahre ich mir mit beiden Händen durch meine trostlosen Spaghettisträhnen, um sie wenigstens ein bisschen aufzuplustern – und halte plötzlich inne: Kai hat mich bei meinem hoffnungslosen Unterfangen beobachtet. Zu blöd!

„Weißt du eigentlich, dass ich glattes Haar besonders schön finde?“, sagt er unvermittelt und wird sogar eine Spur rot.

Himmel, sollte das ein Kompliment sein? Das üben wir aber noch mal! Ich lächle schief. „Äh, ja? Tatsächlich?“ Schön, dass mir im richtigen Moment immer eine geniale Pointe einfällt …

Glücklicherweise winkt uns gerade Miriam zu: „Könnt ihr mal kommen? Die Redakteurin hier hat ein paar Fragen, die ich nicht so gut beantworten kann.“

Ich glaube, Kai ist genauso froh wie ich über die Unterbrechung. Also schnappen wir uns rasch einen Packen Infomaterial und bemühen uns dann, der Zeitungsredakteurin Rede und Antwort zu stehen. Sie wirkt zwar etwas hektisch, aber die Arbeit von *Estrela da rua* scheint sie wirklich zu interessieren. Sie macht sich jedenfalls eifrig Notizen und verspricht, in ihrem Artikel ausführlich über den *Estrela*-Hof außerhalb von Rio zu berichten, für den die Einnahmen aus unserem Basar ja bestimmt sind.

„Engagiert ihr euch beide denn sonst auch für dieses Hilfsprojekt in Rio?“, will die Redakteurin wissen.

Kai nickt. „Ich arbeite seit einem Jahr bei *Estrela da rua*.“

„Und ich werde jetzt wohl auch mitmachen", sage ich, ohne Kai dabei anzusehen. Ich spüre auch so, dass er sich freut.

Wir können uns echt nicht beklagen: Den ganzen Tag tobt der Bär an unserem Stand! Immer wieder nehme ich mir die Kasse vor, schaue hinein und zähle eifrig unsere Einnahmen.

Miriam blickt mir über die Schulter. „Willst du in Silbertalern baden, oder was?", zieht sie mich auf. „Du bist ja schlimmer als Onkel Dagobert!"

Ich mache die Kasse wieder zu. „Ich freue mich eben, dass es so gut läuft. Du nicht?"

Miriam zuckt mit den Achseln. „Doch, ist schon okay."

Ich werfe ihr einen kurzen Blick zu, irgendwie wundere ich mich immer noch, dass sie bereit war, an unserem

Stand Dienst zu schieben. Aber das würde ich ihr natürlich nie sagen. „Ärgerst du dich noch darüber, dass wir nicht die Müllmodenschau gemacht haben?", frage ich.

Miriam winkt ab. „Lass mal, das Thema hat sich erledigt."

„Nicht unbedingt", sage ich, „im nächsten Jahr wird die neue Turnhalle eingeweiht. Vielleicht könnten wir da irgendwas in Richtung Recyclingmode machen. Was meinst du?"

Miriam mustert mich misstrauisch. Ich kann es ihr nicht verdenken. Unser letztes Gespräch über dieses Thema verlief ja echt alles andere als friedlich! Aber heute bin ich so erleichtert über den Erfolg unseres Basars, so froh, dass der Horror der letzten Woche hinter mir liegt, dass ich mit aller Welt Frieden schließen will – sogar mit Miriam! Mal sehen, wie lange diese ungewohnte Harmoniesucht bei mir anhält …

Miriam nickt vorsichtig. „Wir können die Idee ja mal im Auge behalten und bei der nächsten Schülerratssitzung ansprechen."

Aha, sie pocht also wieder auf ihre Rolle als stellvertretende Klassensprecherin. Aber das ist ja auch okay.

„Gute Idee", sage ich. „Ich rede nachher gleich mit Kai darüber."

Miriam deutet wieder auf die Kasse. „Willst du das Geld nicht lieber zum Hausmeister bringen? Der kann das in den Tresor legen."

Ich seufze. Den muffigen Hausmeister Greve um einen Gefallen zu bitten, gehört nicht gerade zu meinen Lieblingsbeschäftigungen. Außerdem hat er heute ja mal ausnahmsweise wirklich alle Hände voll zu tun und wird noch übler gelaunt sein als sonst. Aber es hilft ja nichts! Sonst haut Miriam nachher doch noch mit der Kohle ab und kauft Esprit und H&M auf … Ich kichere in mich hinein. „Okay, ich bringe das Geld zum Hausmeister", stimme ich zu.

Miriam steckt die Scheine in einen Briefumschlag, beschriftet ihn und ich trabe los.

Oh nein, vor dem Hausmeisterbüro steht ja schon eine ganze Schlange von Leuten! Klar, heute braucht jeder einen Hammer oder ein Pflaster oder einen Besen oder so was. Seufzend stelle ich mich hinten an und trete von einem Fuß auf den anderen. Warten ist ja nicht so mein Ding!

Plötzlich habe ich das Gefühl, beobachtet zu werden. Unauffällig drehe ich mich um. Verdammt, ausgerechnet Nico steht direkt hinter mir in der Schlange! Ich spüre seine Augen in meinem Nacken und merke, wie sich mein ganzer Körper verkrampft. Wir haben seit Kais überraschender Enthüllung am Dienstag kein Wort mehr miteinander gesprochen. Aber soweit ich mitgekriegt habe, wurde Nico wegen der Geschichte mit seinem Bruder nicht mehr blöd angequatscht. Hoffentlich bleibt's dabei!

Das Schweigen steht fast greifbar zwischen uns.

Nico räuspert sich. „Läuft's gut bei euch?", fragt er plötzlich.

Überrascht drehe ich mich zu ihm um. Wird das jetzt etwa ein Small Talk? Mit Nico? „Ja, doch, kann man sagen", stammle ich.

„Hm." Nico nickt unsicher. „Ihr habt ja auch viel Arbeit reingesteckt."

„Äh … ja, richtig." Huh, ist das krampfig! Mir rollen sich fast die Fußnägel auf. Ungeduldig starre ich nach vorn. Wieso geht das denn nicht schneller hier in der Schlange, verdammt?

Wieder räuspert sich Nico. „Fand ich übrigens gut von dir am Dienstag …"

Ich bin wie elektrisiert. „Was?"

„Na ja, dass du die anderen gestoppt hast, als sie auf mich losgehen wollten!" Er macht eine Handbewegung.

„Dass du denen klargemacht hast, dass das alles ein Scheißzufall war mit meinem Bruder und so."

„Na ja, es war ja auch ein Zufall", sage ich. Bin total perplex. Hätte nie gedacht, dass Nico …

In einem Anfall plötzlicher Entschlossenheit drehe ich mich zu ihm um. „Ich wollte dir schon die ganze Zeit sagen … Na ja, ich … hätte das damals alles nicht sagen sollen! Bei unserem Streit. Dass du wieder sitzenbleiben würdest und so. Aber ich war in dem Moment unheimlich wütend auf dich und … Du hattest mich vorher ja auch total provoziert!"

Nico nickt. „Weil ihr manchmal eben so verdammt selbstgerecht seid, Kai und du!"

Ich fahre auf. „Sind wir nicht!"

„Seid ihr doch!"

Für einen Moment bricht die Kluft zwischen uns wieder auf. Ich zucke mit den Achseln. „Ist ja jetzt auch egal. Wir müssen es in Zukunft alle besser machen, oder?"

In Nicos Mundwinkeln blitzt ein ganz kleines Grinsen auf. „An mir soll's nicht liegen …"

„An mir auch nicht."

Wir schweigen einen Moment, wissen beide nicht weiter. Im Film würde jetzt der Abspann kommen. Bei uns kommt stattdessen der Hausmeister und blafft sofort in gewohnter Manier los: „Ich habe nicht den ganzen Tag Zeit, Kira! Also, was willst du?"

Nachdem der Hausmeister meinen Geldumschlag brummelnd in den Schultresor gepackt hat, schlendere ich langsam zu unserem Stand zurück. Auf halbem Weg kommt mir Marie entgegen. Sie hat heute eine tolle, schwarze Hose an und Schuhe mit höheren Absätzen. Irgendwie wirkt sie dadurch viel größer als sonst. Oder ist sie etwa gewachsen?

Marie wirft mir einen beunruhigten Blick zu. „Ich habe gesehen, dass du mit Nico geredet hast. Alles okay?"

„Alles okay“, bestätige ich. „Aber weißt du was, Marie: Ich glaube, es ist etwas wirklich ganz Unglaubliches passiert …“

Maries Gesicht ist ein einziges Fragezeichen. „Was soll denn passiert sein?“

Ich grinse. „Na ja, du hast dich über Nacht gestreckt, so wie alle es immer vorhergesagt haben!“

Verblüfft sieht Marie an sich herunter. „Meinst du echt?“

Ich nicke ernsthaft. „Ich bin ganz sicher: In drei Jahren bist du so groß wie ein Leuchtturm!“

Marie versetzt mir einen ordentlichen Knuff in die Seite. „Du blöde, dürre Kuh! Warte, dich mache ich fertig!“ Ohne weitere Vorwarnung fängt Marie an, mich zu kitzeln. Ihre Finger sind blitzschnell, ich versuche vergeblich sie abzuschütteln, winde und wehre mich nach Kräften und kitzle zurück. Marie schnappt nach Luft, prustet, und irgendwann lachen wir beide so laut, dass die anderen am Stand erstaunt zu uns herüberschauen.

Leseprobe aus:

Carolin Philipps: Fledermäuse beißen nicht

Schulausgabe erschienen im
Hase und Igel Verlag, Garching b. München
ISBN 978-3-86760-090-3
Begleitmaterial für Lehrkräfte
ISBN 978-3-86760-390-4

Hausaufgaben waren nicht gerade Moritz' Lieblingsbeschäftigung. Aber er hatte gelernt, dass es besser war, sie zu machen, als einen Streit mit seiner Mutter zu riskieren. An diesem Abend suchte er nach seinem Aufgabenheft, das sich offenbar in Luft aufgelöst hatte. Er wusste genau, dass er es in sein Matheheft gelegt hatte, denn Mathe hatten sie in der letzten Stunde gehabt und er hatte die Seite mit den Aufgaben von der Tafel abgeschrieben.

Moritz ärgerte sich. Jetzt hatte er schon eine Viertelstunde mit der Suche verbracht und noch nicht eine Aufgabe erledigt. Schließlich kippte er den Inhalt seiner Schultasche auf den Teppich und stocherte wütend in dem Chaos aus Heften, Büchern und Mappen herum. Bioheft, Mathebuch ... alles da, nur kein Aufgabenheft.

In diesem Moment kam Maik ins Zimmer. Moritz traute seinen Augen nicht: In der Hand hielt sein Bruder das vermisste Aufgabenheft!

Maik betrachtete das Chaos auf dem Boden und fragte erstaunt: „Was machst du denn hier?"

Moritz platzte fast vor Wut. „Ja, was wohl? Was machst *du* mit meinem Aufgabenheft? Hast du meine Matheaufgaben gemacht?"

Maik schüttelte den Kopf. „Das Heft? Ja, also … das hab ich auf der Treppe gefunden. Ist dir wohl aus der Schultasche gefallen."

Moritz schaute seinen Bruder verwundert an. Aus der Schultasche gefallen? Auf der Treppe? Seine Tasche hatte er erst hier im Zimmer geöffnet. Also musste Maik sein Heft aus der Tasche geholt haben. Aber warum?

„Moritz! Bist du mit den Hausaufgaben fertig?" Seine Mutter kam ins Zimmer. „Du liebe Güte! Wie sieht es denn hier aus?"

„Maik hatte mein Aufgabenheft."

„Ich hab's auf der Treppe gefunden! Und dann ist das hier rausgefallen. Habt ihr euch die Namen mal genau angesehen?" Er hielt eine Liste mit Namen hoch.

„Meine Klassenliste?", fragte Moritz. „Suchst du 'ne neue Freundin? Aus meiner Klasse? Bisschen jung für dich, oder?" Moritz musste kichern. „Ich empfehle dir Marie. Oder Beate, die ist nicht so frech."

„Blödmann!" Maik war verlegen. Er hielt die linke Hand, in der er ein zweites Blatt Papier hielt, hinter seinem Rücken versteckt.

Aber Moritz, der glaubte, sein Bruder hätte eine Seite aus dem Heft genommen, riss ihm das Blatt aus der Hand. Es war eine Liste mit Namen, die ihm bekannt vorkamen: Namen von Mitschülern aus seiner Klasse, die Maik offenbar von der Klassenliste abgeschrieben hatte. Erstaunt las Moritz vor: „Maria Gonzalez, Hamid Özgen, Paula Wieszniewsky …"

Die Mutter nahm Moritz die Liste aus der Hand und las weiter: „Mikal Kraszkiewicz, Diana Baclawski, David Agyekum … Was willst du mit diesen Namen, Maik?"

„Das ist meine Sache – und meine Liste“, sagte Maik mit Nachdruck und wollte der Mutter das Papier wieder wegnehmen.

„Erst wirst du mir sagen, warum du die Namen von Moritz’ Klassenliste abgeschrieben hast. Warum diese und nicht Lukas Schröder oder Julia Hartmann?“

„Ja, warum wohl nicht?“, fragte Maik wütend. „Hast du eigentlich gewusst, dass von den 25 Kindern in Moritz’ Klasse 14 ausländische Namen haben?“

Die Mutter nickte. „Sicher doch. Und die meisten Mütter oder Väter mit den ausländischen Namen kenne ich außerdem von den Elternabenden und vom Elternstammtisch.“

„Machst du dir keine Gedanken, wie Moritz in der Schule etwas lernen soll, wenn die Hälfte seiner Mitschüler nicht richtig Deutsch spricht?“

Die Mutter lachte. „Woher willst du wissen, wie gut sie Deutsch sprechen? Weil sie ausländische Namen haben? Das sagt gar nichts. Paula zum Beispiel ist hier geboren und ihre Mutter spricht so gut Deutsch wie du und ich.“

„Und Hamid?“

„Der ist erst ein halbes Jahr hier, aber er spricht jeden Tag etwas besser.“

„Ha, aber ich wette, der Lehrer muss ihm alles dreimal erklären, bis der was kapiert. Die Zeit könnte er besser für die deutschen Kinder verwenden.“

Moritz tippte mit dem Finger gegen seine Stirn. „Du bist ja total plemplem! Oder? Der spinnt doch, der Maik.“ Er schaute seine Mutter grinsend an.

Aber die fand die Diskussion gar nicht komisch. Im Gegenteil, sie wirkte auf einmal sehr besorgt. „Sag mal,

Maik: Wie kommst du auf solche Ideen? Steckt Florian dahinter?"

Florian war Maiks bester Freund. Er war bereits 18 Jahre alt, zwei Jahre älter als Maik, aber sie hatten schon im Sandkasten zusammen gespielt. An ihrer Freundschaft hatte sich auch nichts geändert, seit Maik zum Gymnasium in der Stadt fuhr. Florian war an der Dorfschule geblieben und machte seit einem Jahr eine Lehre als Klempner. Maik gehörte nach wie vor zu Florians Clique. Sie sahen sich nachmittags und an den Wochenenden. Auf dem Dorf gab es nicht viele Freizeitmöglichkeiten.

„Immer denkst du, Florian ist schuld", regte sich Maik auf. „Nur weil er nicht aufs Gymnasium geht."

„Du weißt genau, dass das nicht stimmt! Ich mag Florian", sagte die Mutter. „Aber seine Freunde mag ich nicht! Einer von ihnen, Hannes heißt er, glaub ich, hat neulich vor der Schule Flugblätter verteilt."

„Ich weiß, sie bieten den Schülern kostenlosen Nachhilfeunterricht an. Und sie laden sie ein zu Wanderungen am Wochenende mit Lagerfeuer und Grillen. Die kümmern sich um die Kinder und Jugendlichen. Die engagieren sich, das findest du doch sonst immer so toll!", sagte Maik.

„Ja, das habe ich auch zuerst gedacht. Aber dann kam Sarah aus dem Schultor. Sarah Agyekum aus Melanies Klasse. Sie ist pechschwarz, in Ghana geboren. Sie wollte auch ein Flugblatt und hat den Nachhilfeunterricht bitter nötig. Und weißt du, was dieser Hannes gesagt hat? Er hat sie weggeschubst und gemeint: ‚Verpiss dich. Für Neger gibt's bei uns nichts umsonst!'"